100% KOPENHAGEN

SPAZIERGANG 1: ZENTRUM

Durch das historische Herz der Stadt mit seinen prachtvollen Gebäuden und schönen Plätzen verläuft die Strøget, Europas längste und älteste autofreie Einkaufsstraße. Gehen Sie auf die Suche nach dänischen Top-Designern oder gönnen Sie sich auf einer der vielen Terrassen einen Drink.

SPAZIERGANG 2: FREDERIKSSTADEN & DIE KLEINE MEERJUNGFRAU

Nördlich des Zentrums liegt das königliche Kopenhagen mit den Schlössern Amalienborg und Rosenborg. Hier gibt es viele Sehenswürdigkeiten und das absolute Highlight Kopenhagens: die kleine Meerjungfrau, die von ihrem Felsen auf das Wasser blickt.

SPAZIERGANG 3: SLOTSHOLMEN & CHRISTIANSHAVN

In dem alten Zentrum Kopenhagens, Slotsholmen, wird heute über Politik und Wirtschaft entschieden. Doch hier sind auch viele Museen zu Hause. In Christianshavn kann man wunderbar durch die alternative Freistadt Christiania schlendern, die von ehemaligen Hausbesetzern gegründet wurde.

SPAZIERGANG 4: ØSTERBRO & NØRREBRO

Østerbro ist ein Viertel mit prächtigen Wohnhäusern und breiten Straßen, mit schönen Geschäften und netten Restaurants. Entlang der Seen kann man herrlich spazieren gehen. Nørrebro ist multikulturell, mit vielen originellen Shops. Absolut sehenswert: der Friedhof Assistens Kirkegård.

SPAZIERGANG 5: FREDERIKSBERG & VESTERBRO

In Frederiksberg gibt es viele schicke Villen, ausgefallene Geschäfte und gute Restaurants. Vesterbro ist ein ehemaliges Arbeiterviertel, in dem sich inzwischen viele Designer, Künstler und tolle Bars angesiedelt haben.

SPAZIERGANG 6: MALMÖ

Gegenüber Øresund liegt Malmö. Diese schwedische Stadt hat in Sachen Shopping und Essen eine Menge zu bieten. Außerdem gibt es viele Sehenswürdigkeiten wie das Malmöhus und die alten Fischerhütten Fiskehoddorna.

100% KOPENHAGEN

In Kopenhagen gibt es so viel zu entdecken – doch wo fängt man am besten an? Shopaholics können tagelang durch die Geschäfte voller Mode, Design und Wohnaccessoires ziehen, zum Beispiel im Latiner Kvarteret oder in der Strøget. Bevorzugen Sie moderne Architektur oder schön restaurierte Häuser? Dann dürfen Sie Holmen und Christianshavn nicht verpassen. Und wer einmal in Christiania war, der weiß, dass Kopenhagen mehr zu bieten hat als tolle Shops und ein schönes Zentrum. Lust auf Party? Dann auf zu einem Festival am Amager Strand oder lassen Sie den Tag in Halvandet oder Vega ausklingen. 100% Kopenhagen zeigt Ihnen, was Sie auf keinen Fall verpassen sollten. Sightseeing & Shopping, Ausgehen & Abenteuer – die übersichtlichen Stadtpläne weisen Ihnen den Weg.

AUF 6 SPAZIERGÄNGEN 100% KOPENHAGEN ERLEBEN!

Inhalt

100% übersichtlich

Erleben Sie 100% Kopenhagen auf sechs Spaziergängen. Jedes Kapitel im 100% Cityguide ist einem Spaziergang gewidmet. Am Kapitelende gibt es eine Karte mit der Kurzbeschreibung des Spaziergangs. Auf der Karte in der vorderen Umschlagklappe sehen Sie die sechs Kartenausschnitte im Überblick. Dort finden Sie anhand der Buchstaben Ⓐ bis Ⓩ alle Hotels sowie die Sehenswürdigkeiten und Ausgehtipps, die nicht auf einem der Spaziergänge liegen.

In den sechs Kapiteln beschreiben wir ausführlich, welche Sehenswürdigkeiten Sie auf den Spaziergängen entdecken können und wo man gut essen, trinken, shoppen, feiern und relaxen kann. Alle Adressen sind mit einer Nummer ① gekennzeichnet, die Sie im Stadtteilplan am Ende des Kapitels wiederfinden. An der Farbgebung der Nummer können Sie erkennen, zu welcher Kategorie die jeweilige Adresse gehört:

🟢 Sehenswürdigkeiten   🔵 Shoppen
🟠 Essen & Trinken   🔴 100% there

SECHS SPAZIERGÄNGE

Zu jedem Kapitel gehört ein Spaziergang, der – ohne Besuch der genannten Adressen – ungefähr drei Stunden dauert. Die Länge der Strecke (in km) finden Sie über der Wegbeschreibung und auf den einzelnen Stadtteilplänen sehen Sie den genauen Verlauf der Route. Die Beschreibung neben dem Stadtplan führt Sie entlang der Sehenswürdigkeiten zu den schönsten Adressen. So entdecken Sie fast nebenbei die besten Shoppinggelegenheiten, die nettesten Restaurants und die angesagtesten Cafés und Bars. Wer irgendwann keine Lust mehr hat, der Route zu folgen, kann aufgrund der ausführlichen Tipps und Pläne auch wunderbar auf eigene Faust Entdeckungen machen.

PREISANGABEN BEI HOTELS UND RESTAURANTS

Um Ihnen eine Vorstellung von den Preisen in den Hotels und Restaurants zu geben, finden Sie bei den Anschriften stets auch die Preise. Die Angaben für Hotels beziehen sich auf ein Doppelzimmer mit Frühstück pro Nacht, es sei denn, es ist etwas anderes angegeben. Die Angaben für die Restaurants nennen – wenn nicht anders verzeichnet – den Durchschnittspreis eines

Hauptgerichts. Bei Cafés ist der Preis für ein Sandwich oder eine kleine Mahlzeit verzeichnet.

GUT ZU WISSEN

Kopenhagen ist im Winter ganz anders als im Sommer. Im Winter erzeugen die Lichter der Eisbahnen und Weihnachtsmärkte eine märchenhafte Atmosphäre. Im Sommer sind die Terrassen voll und die Parks ein beliebter Aufenthaltsort. Die Tage im Winter sind sehr kurz (Tageslicht von ca. 9 bis 15 Uhr), im Sommer bleibt es jedoch sehr lange hell. Dann ist die Stadt auch spätabends noch voller Leben.

In Dänemark und Schweden zahlt man mit Kronen. 100 Dänische Kronen (DKK, in diesem 100% Cityguide KR) entsprechen ca. 13,40 Euro und 100 Schwedische Kronen (SEK) sind etwa 11,30 Euro. Außer in einigen kleinen Läden werden Kreditkarten fast überall akzeptiert.

Geschäfte haben im Allgemeinen von 10 bis 18 Uhr geöffnet. Samstags schließen die Läden jedoch meist schon gegen 15 Uhr, je nach Stadtteil. Im Zentrum sind die Geschäfte auch sonntags von 12 bis 16 Uhr geöffnet.

VisitDenmark, Dänemarks offizielle Tourismuszentrale, hat eine gute deutschsprachige Internetseite über Kopenhagen. Auf *www.visitdenmark.com* gibt es beispielsweise praktische Informationen für die Anreise nach Kopenhagen, über Sehenswürdigkeiten und Events in der Stadt.

MUSEEN

Bei vielen Museen ist der Eintritt mittwochs frei. Kinder (bis 10 Jahre) haben fast immer freien Eintritt.

Empfehlenswert ist die cOPENhagen CARD. Mit dieser Karte sind nicht nur alle Fahrten mit öffentlichen Verkehrsmitteln gratis, man bekommt außerdem ermäßigten oder kostenlosen Zugang zu vielen Museen und Sehenswürdigkeiten sowie Preisnachlässe in einigen Restaurants und Cafés. Die cOPENhagen CARD gilt auch für einige Ziele rund um Kopenhagen wie für das Louisiana-Museum an der dänischen Küste.

DÄNISCHE (ESS)GEWOHNHEITEN

Viele Dänen essen um die Mittagszeit *smørrebrød*, ein belegtes Roggenbrot. Am Wochenende brunchen die Dänen häufig außer Haus, fast alle Restaurants bieten daher Brunch an. Für zwischendurch gibt es überall in der Stadt *pølse vogn* (Würstchenbuden).

Trinkgeld muss man in Restaurants und Cafés nicht geben, aber natürlich wird es geschätzt. In Cafés und Lunchrestaurants werden Gäste manchmal am Tisch bedient, häufig wird jedoch erwartet, dass der Gast an der Bar bestellt.

Bier ist das Nationalgetränk Dänemarks. Der Tag, an dem das Weihnachtsbier erstmals ausgeschenkt wird (der erste Freitag im November), gilt als inoffizieller Feiertag. In den Kneipen wartet dann eine trinkfreudige Menge mit Spannung darauf, dass es um Punkt 20.59 Uhr das Weihnachtsbier gibt.

NATIONALE FEIERTAGE

Dänemark kennt neben den beweglichen Feiertagen (Gründonnerstag, Karfreitag, Ostern, Christi Himmelfahrt und Pfingsten) noch die folgenden Feiertage:

1. Januar	Neujahr
Sonntag vor Ostern	Palmsonntag
vierter Freitag nach Ostern	Buß- und Bettag
25./26. Dezember	Weihnachten

FESTIVALS

Das Copenhagen Jazz Festival ist nicht das einzige reizvolle Festival der Stadt. Hier folgt eine Reihe weiterer interessanter Veranstaltungen, die fast alle jährlich stattfinden.

Copenhagen Fashion Festival (*www.copenhagenfashionfestival.com*)
Als Pendant zur professionellen Copenhagen Fashion Week findet im Februar und Oktober das Copenhagen Fashion Festival statt: Straßenmodeschauen, spezielle Events in Geschäften und Partys von Mittwoch bis Sonntag.

CPH Pix (*www.cphpix.dk*)
Dieses Filmfestival spielt sich jedes Jahr im April ab. Alle Kinos beteiligen sich daran und zeigen Filme aus dem In- und Ausland.

Københavns Karneval (*www.karneval.dk*)

Ein dreitägiges Festival an Pfingsten mit Sambamusik, Kostümen, Tanz und diversen Angeboten im Fælledpark, Stadtteil Østerbro. Eintritt frei.

Copenhagen Jazz Festival (*http://jazz.dk*)

Jedes Jahr ab dem ersten Freitag im Juli ist für zehn Tage Jazz angesagt mit über 800 Konzerten internationaler und dänischer Musiker (zum Teil gratis).

Golden Days Festival (*www.goldendays.dk*)

Dieses historische Festival, das alle zwei Jahre im September wiederkehrt, widmet sich drei Wochen lang einer Phase der dänischen Geschichte. Es werden Ausstellungen, Konzerte sowie Stadtführungen angeboten.

Kulturnatten (*www.kulturnatten.dk*)

Jedes Jahr am Freitag der 41. Kalenderwoche ist Tag der offenen Tür in vielen Kultureinrichtungen, die dann bis mitten in der Nacht geöffnet sind. Begleitet wird dies von vielen Events: Konzerten, Kunstausstellungen und Theaterauf-führungen. Dazu gibt es auch ein englischsprachiges Programmheft.

Roskilde Festival (*www.roskilde-festival.dk*)

Eines der größten Rockfestivals Europas. Seit dem Start 1971 hat fast jeder Däne das Festival mindestens einmal besucht. Es findet an vier Tagen in der ersten Juliwoche statt. Der Zeltplatz ist vier Tage vor Beginn zugänglich.

HABEN SIE NOCH TIPPS?

Wir haben diesen Reiseführer mit großer Sorgfalt zusammengestellt. Da das Angebot an Geschäften und Restaurants in Kopenhagen jedoch regel-mäßig wechselt, kann es sein, dass eine Empfehlung nicht mehr existiert. Besuchen Sie in diesem Fall oder wenn Sie andere Anmerkungen zu diesem 100% Cityguide haben, unsere Webseite *www.100travel.de/kopenhagen* oder schreiben Sie uns an *info@momedia.com*. Wir freuen uns über Hinweise, neue Tipps und natürlich auch Fotos. Posten Sie diese gern auf unserer facebook fanpage: *facebook.com/100travel*.

Last but not least möchten wir noch bemerken, dass keine der vorgestellten Adressen für ihre Erwähnung bezahlt hat, weder für den Text noch für die Fotos. Alle Texte wurden von einer unabhängigen Redaktion geschrieben.

Hotels

In Kopenhagen gibt es viele Designhotels. Und wie in jeder Stadt kann man eine Übernachtung so teuer und so luxuriös gestalten, wie man möchte. Dennoch: Die Hotels in Kopenhagen sind im Allgemeinen recht teuer.

Eine Auswahl finden Sie unter *www.100%travel.de*. Wer nicht in einem Hotel übernachten möchte, kann ein Appartement mieten. Über die Internetseite des Tourismusbüros, *www.visitcopenhagen.com*, bieten Einheimische ihre Wohnungen an. Eine gute Alternative ist es auch, ein Bed & Breakfast zu buchen und bei den Dänen zu Hause zu übernachten: *www.bedandbreakfast.dk*. Weitere günstige Unterkünfte finden Sie unter *www.airbnb.com*.

Nachfolgend finden Sie eine Hotelauswahl unterschiedlicher Preisklassen. Die Buchstaben sind in der Übersichtskarte vorn im 100% Cityguide verzeichnet.

GÜNSTIGE PREISKLASSE

(A) Nur 150 Meter vom Kongens Nytorv und der U-Bahn-Station entfernt liegt das Hostel **Generator Copenhagen**. Die Unterkunft bietet günstige Zimmer inklusive kostenlosem WLAN im ganzen Haus und eine Bar, die bis spätabends geöffnet ist. Es gibt Zimmer mit eigenem Bad, in anderen muss man ein Gemeinschaftsbad benutzen, die Betten sind bezogen. Die hauseigene Bar mit Loungebereich, Fernseher und Poolbillard ist bei den Gästen sehr beliebt. Regelmäßig legen hier DJs auf oder lässt sich das eigene Können bei Karaoke und anderen Events unter Beweis stellen. Kurz: ein echtes Backpackerhostel. *adelgade 5-7, www.generatorhostels.com/en/destinations/copenhagen, telefon: 78775400, geöffnet: rezeption rund um die uhr geöffnet, preis: schlafsaal 135 kr, privatzimmer 245 kr p.p., u-bahn: kongens nytorv*

(B) **WakeUp Copenhagen** ist ein modernes Hotel, das über alle Annehmlichkeiten verfügt. Die Standardzimmer sind zwar nicht groß, aber funktional eingerichtet. Wem ein 1,60-Meter-Bett zu schmal ist, der kann auf ein teureres, größeres Zimmer ausweichen. Da einige Zimmer zusammengelegt werden können, ist das Hotel auch für Familien geeignet. *carsten niebuhrs gade 11, www.wakeupcopenhagen.com, telefon: 44800010, preis: ab 450 kr, frühstücksbuffet 70 kr, s-tog: dybbelsbro*

GENERATOR COPENHAGEN Ⓐ

MITTLERE PREISKLASSE

Ⓒ Im Hafen von Kopenhagen, gegenüber der königlichen Bibliothek Den Sorte Diamant (der schwarze Diamant), liegt das Hotel **CPH Living**. Die Zimmer sind mit dänischen Designklassikern modern eingerichtet. Es gibt kein Frühstück, auf die Terrasse mit Ausblick auf das Wasser darf man jedoch sein eigenes Frühstück mitbringen. Und nach einem erlebnisreichen Tag in Kopenhagen lässt es sich im Bad mit Aussicht auf den Hafen großartig entspannen.
langebrogade 1c, www.cphliving.com, telefon: 61608546, geöffnet: einchecken ab 14.00, auschecken bis 11.00, preis: 1000 kr, u-bahn: christianshavn, bus: 5a christianshavn

Kuching
Borneo

Ⓑ WAKEUP COPENHAGEN

(D) In Malmö ist das **Hotel Duxiana** empfehlenswert, das eine Kooperation mit der Möbelmarke Duxiana eingegangen ist: Alle Zimmer wurden mit den Möbeln und den exzellenten Betten der 80 Jahre alten Möbelmarke eingerichtet, und alles, was dort steht, kann auch gekauft werden. In der ersten Etage gibt es ein ganz besonderes Zimmer, in dessen Mitte eine Badewanne steht, aus der man einen tollen Blick über Malmö hat.

mäster johansgatan 1, malmö, www.malmo.hotelduxiana.com, telefon: 040 6077000, preis: ab 1190 sek, zug/bus: centralstationen

(E) Im **Hotel Fox** wurden die Zimmer von verschiedenen Künstlern eingerichtet. Das Ergebnis: eine bunte Mischung diverser Stile und Themen. Jedes Zimmer ist einzigartig. Bevorzugen Sie ein japanisches Zimmer oder eher eine dschungelähnliche Umgebung mit vielen Kuscheltieren? Im Sommer lädt die sonnige Dachterrasse ein. Das Hotel befindet sich in der Innenstadt sowie in der Nähe des Ørstedsparks, eines der schönsten Parks Kopenhagens.

jarmers plads 3, www.hotelfox.dk, telefon: 33133000, preis: 1120 kr, bus: 5a & 14 jarmers plads

(F) In einem alten Getreidespeicher in Palast-Nähe liegt das **Admiralhotel**. Es steht komplett im Zeichen der Schifffahrt: In den Fluren hängen Schiffsbilder, und im Aufzug werden Filme zum Thema Seefahrt gezeigt. Es gibt hier auch Zimmer mit Hafenblick. Abends kann man am Kai spazieren gehen.

toldbodgade 24-28, www.admiralhotel.dk, telefon: 33741414, preis: ab 875 kr, frühstück 130 kr, u-bahn: kongens nytorv

(G) Das **Hotel Ibsen** gehört einer Familie, die dem Haus mit viel Liebe neues Leben eingehaucht hat. 2011 wurde es komplett renoviert und mithilfe von Künstlern aus dem Viertel Nansensgade, in dem es liegt, neu gestaltet, damit es besser in die Umgebung passt. Innen sind zahlreiche Kunstwerke zu bewundern, die dem stilvollen Hotel eine besondere Atmosphäre verleihen. Die Zimmer sind klassisch-modern und mit schönen Designermöbeln eingerichtet. In der direkten Umgebung warten reizvolle Boutiquen und gemütliche Cafés.

vendersgade 23, www.arthurhotels.dk/ibsens-hotel, telefon: 33131913, geöffnet: rezeption rund um die uhr geöffnet, preis: ab 810 kr, frühstücksbuffet 155 kr, bus: 5a & 40 nørre farimagsgade

Ⓗ HOTEL BELLA SKY

Ⓗ Die besondere Form mit zwei schiefen, 23 Stockwerke hohen Türmen macht das nagelneue **Hotel Bella Sky** zu einem der markantesten Sehenswürdigkeiten Kopenhagens. Die Zimmer in den oberen Etagen bieten einen fantastischen Blick über die Stadt, den grünen Park Amager Fælled bis nach Malmö jenseits des Øresund. Ein herrlicher Ort, um die Tage in Kopenhagen zu verbringen. Das Haus bietet alle Annehmlichkeiten eines Luxushotels sowie manchmal spezielle Arrangements inklusive Eintritt zum Den Blå Planet oder Wellness.

center boulevard 5, www.bellaskycomwell.dk, telefon: 32473000, preis: ab 1090 kr, u-bahn: bella center

(I) Das imposante, 1910 eröffnete **Hotel Alexandra** liegt sehr zentral, nur wenige Meter vom Rathausplatz und dem Tivoli entfernt. Die Einrichtung besteht aus Klassikern von dänischen Designern wie Arne Jacobsen, Ole Wanscher oder Kaare Klint. Das Ergebnis: stilvolle, elegante Zimmer, die dennoch gemütlich wirken.

h.c. andersens boulevard 8, www.hotelalexandra.dk, telefon: 33744444, geöffnet: einchecken ab 14.00, preis: ab 1290 kr, bus: 5a, 6a,10, nachtbus: 92n rådhuspladsen

GEHOBENE PREISKLASSE

(J) Das **Hotel Sankt Petri** strahlt trotz seiner modernen Ausstattung viel Wärme aus. Die Zimmer sind hell und geräumig, und der Service ist gehoben, aber nicht von oben herab. Das Hotel liegt in einer ruhigen Straße, ganz in der Nähe von den Geschäften und Restaurants im Zentrum. Tipp: die ausgezeichnete Cocktailbar.

krystalgade 22, www.hotelsktpetri.dk, telefon: 33459100, preis: 1795 kr, frühstück 150 kr, u-bahn: nørreport

(K) Das **Central Hotel & Café** ist das kleinste Hotel der Stadt und verfügt über sage und schreibe ... ein Zimmer! Ein sehr behagliches und romantisches jedoch und obendrein stilvoll eingerichtet. Das Zimmer befindet sich über einem ebenfalls winzigen Café in einem idyllischen, beinahe märchenhaften Häuschen. Die Einrichtung ist top, das Frühstück im Café Granola inklusive. Buchen sollten Sie allerdings frühzeitig, da das Zimmer sehr beliebt ist.

tullinsgade 1, www.centralhotelogcafe.dk, telefon: 33210095, preis: 1800 kr, bus: 9a oder 71 værnedamsvej

Unterwegs

Von Kastrup, dem **Flughafen** Kopenhagens, bringt Sie die U-Bahn in nur 20 Minuten zum Zentrum. Es fährt auch ein **Zug** zum Hauptbahnhof, und eine Fahrt mit einem Taxi ins Zentrum kostet ungefähr 225 Kronen. Der Zug nach Malmö fährt drei Mal in der Stunde ab Bahnhof København Hovedbanegård und die Fahrt zum Hauptbahnhof Malmö dauert ca. 40 Minuten. Zu zweit ist ein DSB Orange günstiger (256 Kronen pro Fahrkarte für zwei Personen).

Viele Sehenswürdigkeiten in Kopenhagen liegen nah beieinander oder in Laufnähe vom Zentrum. Die Stadt lässt sich also prima zu **Fuß** erkunden. Oder mit dem **Fahrrad**, denn Kopenhagen ist eine sehr fahrradfreundliche Stadt. Radfahren dort ist sicher und macht viel Spaß. Es gibt zahlreiche Möglichkeiten, Räder auszuleihen, wie zum Beispiel bei Baisikeli am Bahnhof Dybbelsbro (Ingerslevsgade 80). Weitere Adressen finden Sie unter *www.visitcopenhagen.com*.

Die **U-Bahn** fährt in Kopenhagen Tag und Nacht. Das **S-tog** ist eine Kreuzung zwischen U-Bahn und Zug. Da die U-Bahn- und die S-tog-Linien an einigen Bahnhöfen aufeinandertreffen, ist ein umfassendes Netz entstanden. Die Züge der U-Bahn haben keinen Fahrer, sodass man einen guten Blick aus den großen Fenstern im vorderen Zugteil hat. Die meisten **Buslinien** der Stadt führen am Rådhuspladsen oder København Hovedbanegård, dem Hauptbahnhof, vorbei. Am Rådhuspladsen befindet sich ein Informationszentrum für den Busverkehr, an dem man auch Wochen- und Streifenkarten bekommt. Ein Einzelfahrausweis kostet 23 Kronen und ist beim Busfahrer erhältlich. Der **vandbus** (Wasserbus) ist ein schönes Fortbewegungsmittel innerhalb der Stadt sowie rund um den Hafen. Zwischen dem "schwarzen Diamanten" und Nordre Tolbod, in der Nähe der Kleinen Meerjungfrau, fahren drei verschiedene Wasserbusse.

Wer häufig die öffentlichen Verkehrsmittel nutzt, der sollte eine *klippekort* (Zehnerkarte) kaufen. Im Stadtzentrum und in den in diesem 100% Cityguide genannten Vierteln benötigt man eine Zehnerkarte für zwei Zonen. Es gibt sie am Kiosk oder in den Bahnhöfen, und sie kostet 150 Kronen. Aufgepasst: vor dem Einstieg abstempeln. Mit einem Fahrausweis bzw. einem Streifen kann man eine Stunde lang mit allen öffentlichen Verkehrsmitteln in zwei

Tarifzonen fahren. Vor dem Einstieg sollten Sie immer die Zoneneinteilung der Stadt überprüfen.

Mit der **cOPENhagen CARD** ist das Fahren mit öffentlichen Verkehrsmitteln kostenlos, sogar vom Flughafen aus. Die Karte gewährt noch andere Rabatte. Eine 24-Stunden-Karte kostet 239 Kronen, eine für 72 Stunden 469 Kronen. Verkaufsstellen gibt es am Flughafen, Hauptbahnhof und in vielen Hotels. Weitere Informationen: auf der Internetseite *www.visitcopenhagen.com* oder über das Touristenbüro Wonderful Copenhagen.

Taxis stehen unter anderem am Rådhuspladsen, am Haupteingang des Tivoli und am Kongens Nytorv. Nachts und tagsüber gelten unterschiedliche Tarife. Eine Fahrt innerhalb eines Viertels kostet ca. 80 bis 100 Kronen.

Zentrum

Historisches Herz und Einkaufsmekka

Diese Gegend ist das kommerzielle Zentrum Kopenhagens mit großen Einkaufsketten und bekannten Modehäusern. Die Strøget – Europas längste und älteste autofreie Einkaufsstraße – zieht sich durch das historische Herz der Stadt und verbindet zwei wichtige Plätze miteinander: Rådhuspladsen und Kongens Nytorv. Am Rådhuspladsen gibt es viele Souvenirshops, Fast-Food-Ketten und günstige Modeläden; um den Kongens Nytorv dagegen befinden sich edle Designer-Boutiquen und in der Seitenstraße Købmagersgade zahlreiche Schuhgeschäfte. Außerdem steht dort der alte Aussichtsturm Rundetaarn, von dem aus man die ganze Stadt überblicken kann.

Rådhuspladsen ist einer der Treffpunkte im Stadtkern. Im 19. Jahrhundert war hier noch ein Tor, das zu den Verteidigungsmauern der Altstadt gehörte. Der Gedenkstein in der Mitte des Platzes ist das Einzige, was noch daran erinnert. Außergewöhnlich ist das Barometer – am Gebäude mit der Leuchtreklame – an der gegenüberliegenden Seite des H. C. Andersens Boulevard. Bei schönem

Wetter erscheint auf dem Barometer ein Mädchen mit Fahrrad, bei Regen ein Mann mit Regenschirm. Rund um Kongens Nytorv stehen stattliche Bauten wie Det Kongelige Teater (das königliche Theater) und das elegante Hotel d'Angleterre sowie das Warenhaus Magasin.

In den schmalen Gassen hinter den großen Einkaufsstraßen gibt es kleine originelle Läden und Cafés. Westlich von Strøget liegt das Latiner Kvarteret (Lateinisches Viertel) mit seinen farbenfrohen Gebäuden und kleinen Plätzen. Einst war es Universitätsviertel, und das alte Universitätsgebäude aus dem Jahr 1836 wird noch heute genutzt. Die Häuser und Plätze verströmen eine mittelalterliche Atmosphäre, die Gegend ist voller (Retro-)Läden, Restaurants und Cafés.

Parallel zur langen und großen Einkaufsstraße Strøget verläuft eine zweite, schmalere autofreie Shoppingmeile: Strædet. Hier geht es gemütlich zu und die Cafés und Shops sind vielleicht noch reizvoller.

6 Insider-Tipps

Serenity Cupcakes

Sich von himmlischen
Cupcakes verführen lassen.

Carmen

Im Lateinischen Viertel
stilvolle Retrokleidung
kaufen.

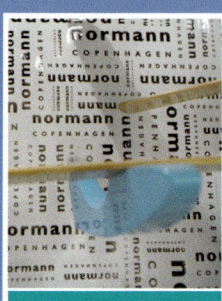

Illums Bolighus

Sich in skandinavische
Wohnaccessoires
verlieben.

Rundetaarn

Die großartige Aussicht
über ganz Kopenhagen
genießen.

Torvehallerne

Köstliche Häppchen
probieren.

Nikolaj Kunsthal

Faszinierende
Ausstellungen besuchen.

Sehenswürdigkeiten

(1) Das Museum **Ny Carlsberg Glyptotek** ist ein Geschenk des vermögenden Inhabers der Carlsberg-Brauerei an die Stadt. Es gibt eine ägyptische Abteilung mit Mumien und Gräbern. Um hierhin zu gelangen, geht man ein Stück nach unten – so als würde man eine echte Pyramide betreten. Im mittleren Teil des Museums, unter der enormen Kuppel, liegt ein prächtiger Garten aus dem 19. Jahrhundert mit subtropischen Pflanzen.
dantes plads 7 (eingang am h. c. andersens boulevard), www.glyptoteket.dk, telefon: 33418141, geöffnet: di-so 11.00-17.00, eintritt: 75 kr, so frei, bus: 2a, 15 & 40 glyptoteket

(2) Auf dem Rådhuspladsen steht das **Rådhus** (Rathaus) Kopenhagens, dessen Erbauer sich vom Rathaus im italienischen Siena inspirieren ließen. Dadurch entstand eine Mischung aus dänischer Architektur und italienischer Renaissance. Das Rathaus – 1905 errichtet – ist frei zugänglich, jedoch sind einige Räume sowie die Türme nur im Rahmen einer Führung zu besichtigen.
rådhuspladsen 1, telefon: 33663366, geöffnet: täglich 7.45-17.00, führung rathaus mo-fr 15.00, sa 10.00, führung turm okt.-mai mo-sa 12.00, juni-sept. mo-fr 10.00, 12.00, 14.00, sa 12.00, eintritt: frei, führung rathaus 30 kr, turm 20 kr, bus 2a, 5a & 6a rådhuspladsen

(9) Das Original der **Vor Frue Kirke** aus dem Jahr 1209 wurde durch Brände und Bombardierungen total zerstört. 1829 erbaute man dafür die heutige Kirche im neoklassizistischen Stil, die bei nationalen Veranstaltungen eine wichtige Rolle spielt. 2004 heiratete hier zum Beispiel der dänische Kronprinz.
nørregade 8, www.domkirken.dk, telefon: 33376540, geöffnet: täglich 8.00-17.00, eintritt: frei, u-bahn: nørreport

(20) Wie das Maven ist auch die **Nikolaj Kunsthal** in der St.-Nikolaj-Kirche untergebracht. Die Ausstellungen zeigen Werke zeitgenössischer dänischer und internationaler Künstler, in denen meistens aktuelle politische, soziale und kulturelle Missstände angesprochen werden. Jährlich werden fünf bis sechs Ausstellungen präsentiert.
nikolaj plads 10, www.nikolajkunsthal.dk, telefon: 33181780, geöffnet: di-mi & fr-so 12.00-17.00, do 12.00-21.00, eintritt: 20 kr, mi frei, u-bahn: kongens nytorv

(29) Der Platz **Gråbrødretorv** ist eine Oase der Ruhe und als Treffpunkt sehr beliebt. Das war aber nicht immer so. Denn zwischen 1238 und 1530 stand an dieser Stelle das Kloster des Franziskanerordens der Gråbrødre, Grauen Brüder, nach dem der Platz dann auch benannt wurde. Im Zweiten Weltkrieg befand sich hier ein Luftschutzbunker. Die Umgestaltung zum heutigen Platz erfolgte 1968, aber erst in den 1980er-Jahren wurde der Gråbrødretorv zum Lieblingsplatz der Kopenhagener. Ein paar Mal im Jahr ist er die Bühne für Musik- und Theatervorstellungen. Neben vielen einladenden Terrassen finden Sie hier auch eine Skulptur des dänischen Künstlers Søren Georg Jensen.

gråbrødretorv, bus: 6a strøget

NY CARLSBERG GLYPTOTEK ①

Essen & Trinken

(5) Aufwärmen? Erholen? Dann ab in **The Livingroom**, das stimmgsvolle Café, das mit seinen Ledersesseln und Sofas wie ein Wohnzimmer wirkt. Kurz, der ideale Ort zum Entspannen. Unbedingt probieren: die leckeren Sandwiches oder ein Stück hausgemachten Kuchen. Abends ist The Livingroom ein beliebtes Lokal, um in geselliger Runde einen Cocktail zu genießen.
larsbjørnsstræde 17, telefon: 33326610, geöffnet: mo-do 10.00-23.00, fr 10.00-2.00, sa 11.00-2.00, so 12.00-19.00, preis: latte 32 kr, cocktail 75 kr, happy hour 2 cocktails für 100 kr, u-bahn: nørreport, s-tog: vesterport

(6) Der einstige Küchenchef des weltbesten Restaurants Noma betreibt heute seinen eigenen Feinschmeckertempel: **Bror**. Köstliche Gerichte bester Qualität, aber deutlich preisgünstiger als Brors großer Bruder. Reservieren sollte man ein paar Tage im Voraus.
skt. peders stræde 24a, www.restaurantbror.dk, telefon: 32175999, geöffnet: mi-so 17.30-0.00, preis: drei-gänge-menü 350 kr, u-bahn: nørreport, s-tog: vesterport

(7) Die Auswahl ist groß bei **Halifax**, einem Burgerrestaurant der gehobenen Art. Es gibt ganz unterschiedliche Burger, die man selbst mit einer Soße und Beilage kombinieren kann. Da ist für jeden etwas dabei. Machen Sie es wie die Kopenhagener und trinken Sie dazu Ale 16, das beliebte dänische Bier.
larsbjørnsstræde 9, www.halifax.dk, telefon: 33938090, geöffnet: mo-sa 12.00-22.00, so 12.00-21.00, preis: mittagsmenü 89 kr, abendmenü 120 kr, u-bahn: nørreport, s-tog: vesterport

(10) **Paludan Bogcafe** liegt in direkter Nähe zur Universität und ist Café, Buchhandlung und Antiquariat in einem. Ideal, um etwas Dänisch zu üben ...
fiolstræde 10-12, telefon: 33150675, geöffnet: mo-fr 9.00-22.00, sa 10.00-22.00, so 10.00-20.00, preis: mittagessen 99 kr, burger 89 kr, u-bahn: nørreport

THE LIVINGROOM ⑤

⑪ **La Glace** gilt nicht nur als ältester, sondern auch als bester Konditor Kopenhagens. Täglich werden hier 16 Sorten des sogenannten Lagkager hergestellt. Diese Torten sind mit süßer Sahne, Mousse oder Creme gefüllt und zum Teil mit einer Glasur bedeckt. Hier kann man im traditionellen Ambiente des vorherigen Jahrhunderts ganz ungeniert schlemmen.

skoubogade 3-5, www.laglace.dk, telefon: 33144646, geöffnet: mo-do 8.30-18.00, sa 9.00-18.00, so 10.00-18.00, preis: torte 52 kr, u-bahn: nørreport

(12) Die Regel 23 des **Ruby** lautet: "Girls hang out, apply make-up and have long talks in the bathroom. Men don't." Die klassisch eingerichtete Cocktailbar gehört zu den besten der Welt, und wer will, kann vom Personal alles über den Beruf des Barkeepers und die Cocktails erfahren. Obwohl die Bar von außen gar nicht wie eine solche wirkt, bildet sich an Donners-, Frei- und Samstagen aufgrund des großen Andrangs schnell eine Schlange vor der Tür. Tagsüber oder am frühen Abend fühlt man sich in die schicke Atmosphäre des gehobenen Bürgertums des frühen 20. Jahrhunderts versetzt.
nybrogade 10, rby.dk, telefon: 33931203, geöffnet: mo-sa 16.00-2.00, so 18.00-1.00, preis: cocktail ab 95 kr, u-bahn: kongens nytorv

(13) Ein stimmungsvoller Altbau in Strædet beherbergt **Kompa' 9**, ein Café, das neben Öko-Kaffee, Tee und Frühstück auch einen Mittagstisch anbietet – und das alles für vergleichsweise wenig Geld. Lassen Sie sich das dänische *smørrebrød* oder *ablegrød* (Apfelbrei) mit einer traditionellen Limo von Hancock oder einer Tasse *cortado* nicht entgehen. Leckermäuler kommen aufgrund der Kuchen und Süßwaren voll auf ihre Kosten.
kompagnistræde 9, telefon: 33319999, geöffnet: mo-fr 8.00-18.00, sa 10.00-17.00, preis: kaffee ab 15 kr, u-bahn: kongens nytorv

(19) Das gemütliche **Maven** ("der Bauch"), als Restaurant und Weinbar gleichermaßen beliebt, befindet sich in einem Flügel der Skt. Nikolaj Kirke. Aufgrund der Bleiglasfenster, alten Tische, Leinenservietten und mit Wachs überzogenen Kerzenständer wirkt das Lokal fast wie ein Gasthaus aus dem 18. Jahrhundert. Die Musik im Hintergrund ist jedoch zeitgenössisch, die Küche französisch und italienisch. Im Sommer hat Maven eine Terrasse auf dem Kirchplatz.
nikolaj plads 10, restaurantmaven.dk, telefon: 32201100, geöffnet: mo-do 11.30-0.00, fr-sa 11.30-2.00, preis: drei-gänge-menü 355 kr, u-bahn: kongens nytorv

(23) Lust auf Kaffee oder Tee mit etwas Süßem? Dann ist **Serenity Cupcakes** genau richtig. Hier gibt es für jeden etwas. Die Entscheidung ist nicht immer leicht, denn die Auswahl an Cupcakes ist riesig. Probieren Sie Banana Bumblebee, Apple Blossom, Carrot Karma oder Blueberry Rain. Serviert werden die Cupcakes auf Tellern der Marke Royal Copenhagen. Im Sommer sollten Sie unbedingt den hausgemachten Eistee Summer in Copenhagen kosten.
grønnegade 32, www.serenitycupcakes.dk, telefon: 33110921, geöffnet: di-fr 12.00-18.00, sa 12.00-17.00, preis: 25 kr, u-bahn: nørreport

5

23

APPLE BLOSSOM

23

⑦ HALIFAX

㉔ Gemütlich und stilvoll ist das Restaurant **Grønnegade**, das sich in einem markanten Altstadthaus aus dem Jahr 1689 befindet. Passend dazu ist auch das Interieur gestaltet, es beruht auf der Arbeit eines bekannten dänischen Innendesigners. Vor allem im Winter ist das stimmungsvolle Lokal ein herrlicher Ort für ein schönes, entspanntes Essen. Die Gerichte sind französisch geprägt und überraschen durch besondere Geschmackskombinationen.
grønnegade 39, www.groennegade.dk, telefon: 33933133, geöffnet: mo-sa 17.30-0.00, preis: hauptspeise 255 kr, u-bahn: kongens nytorv

(27) **Sommersko** ("Sommerschuh") war laut eigener Aussage das erste Café Dänemarks, das Café und Galerie in einem war. 1976 öffnete es seine Türen für Künstler, die einen Ort suchten, an dem sie sich bei einem Gläschen treffen konnten. Bereits nach kurzer Zeit fand das Konzept Nachahmer. Viel hat sich seitdem nicht verändert. Die überwiegend französische Küche und die attraktive Weinkarte sind jedoch sehr zeitgemäß.

kronprinsensgade 6, www.cafesommersko.dk, telefon: 33148189, geöffnet: so-mi 9.00-0.00, do 9.00-1.00, fr 8.00-3.00, sa 9.00-2.00, preis: brunch 129 kr, bus: 66, u-bahn: kongens nytorv

(30) Die Betreiber des **Flottenheimer** haben sich zum Ziel gesetzt, ihren Gästen eine "100% gute Erfahrung" zu bieten, ungeachtet dessen, ob sie nun zum Brunchen, Abendessen oder auf eine Tasse Kaffee kommen. Das gemütliche Restaurant liegt in der Nähe vom Gråbrødretorv, wo im Sommer eine kleine Terrasse geöffnet wird.

skindergade 20, www.cafeflottenheimer.dk, telefon: 35383212, geöffnet: mo-mi 10.00-22.30, do 10.00-23.00, fr-sa 10.00-0.00, so 11.00-20.00, preis: brunch 139 kr, hauptspeise 100 kr, bus: 6a strøget

(34) Wer gern ein Glas Wein trinkt, für den ist das **Bibendum** ein Muss. Diese Weinbar – in der man auch etwas essen kann – bietet eine umfangreiche Karte mit Weinen aus aller Welt. Und wenn man seinen Wein-Favoriten gefunden hat, kann man ihn gleich im Geschäft nebenan erstehen. Übrigens ist es den dänischen Weinbauern 2000 gelungen, Dänemark von der EU offiziell als Anbaugebiet anerkennen zu lassen. 2006 war der beste Jahrgang für dänischen Wein, der überwiegend auf der Insel Bornholm angebaut wird. Unbedingt probieren.

nansensgade 45, www.bibendum.dk, telefon: 33330774, geöffnet: täglich 16.00-0.00, preis: glas wein 60 kr, hauptspeise 88 kr, u-bahn: nørreport

Shoppen

(4) Etwas versteckt hinter einem begrünten Innenhof liegt einer der größten und beliebtesten Retroläden Kopenhagens: **København K**. Hier gibt es hippe Kleidung für Frauen wie Männer. Retro-T-Shirts, Schuhe, Ledermäntel, Holzfällerhemden, Paillettenkleider und vieles mehr. Außerdem werden Bücher, CDs und Gadgets angeboten. Wem das Outfit von Kommissarin Lund aus der gleichnamigen Fernsehserie gefällt, der ist hier genau richtig.
studiestræde 32, telefon: 33731519, geöffnet: mo-do 11.00-18.00, fr 11.00-19.00, sa 11.00-17.00, u-bahn: nørreport, s-tog: vesterport

(8) Pelzmäntel, Lederstiefel und tolle Cocktailkleider – für Retroliebhaber sind Larsbjørnsstræde und Umgebung ein Muss. Schauen Sie zum Beispiel bei **Carmen** vorbei, einem der ältesten Retroläden der Stadt. Die ganze Gegend, die einst den wenig schmeichlhaften Namen "Pisserenden" (Pissrinne) trug, ist voll mit netten Boutiquen und hat vergleichsweise viele Retroläden.
larsbjørnstræde 5, telefon: 35322801, geöffnet: mo-do 11.00-18.00, fr 11.00-19.00, sa 10.00-17.00, u-bahn: nørreport, s-tog: vesterport

(14) Bei **Kaiku** finden Sie Designer-Accessoires und -Kleidung dänischer Marken wie Fern LIVING, Karmameju oder By Nord. Gegründet wurde der Laden 2007 von zwei Schwestern mit einer Vorliebe für dänisches Design und einem Riecher für angehende Talente. Kaiku befindet sich im Souterrain an der Kompagnistræde Ecke Badstruestræde.
kompagnistræde 8, www.kaiku.dk, telefon: 33111907, geöffnet: mo-do 11.00-19.00, fr 11.00-20.00, sa-so 11.00-17.00, u-bahn: kongens nytorv

(15) In den beiden Souterrains von **Grønlykke** gibt es "großartige Dinge aus der ganzen Welt", wie die Mitarbeiter selbst sagen: Teppiche aus Syrien, Teeservices aus England oder farbenfrohe balinesische Körbchen. Außerdem ist Grønlykke die absolut richtige Adresse für traumhafte Stoffe und praktische Wachstischdecken.
læderstræde 3 en 5, www.gronlykke.com, telefon: 33130081, geöffnet: mo-do 11.00-19.00, fr 11.00-20.00, sa-so 11.00-17.00, u-bahn: kongens nytorv

KAIKU (14)

(16) Im Flagship Store von **Royal Copenhagen**, dem königlichen Porzellan-
lieferanten Dänemarks, wird neben der eigenen Marke auch Porzellan anderer
Hersteller verkauft. In der oberen Etage befindet sich ein Museum über die
Geschichte von Royal Copenhagen, dort können Sie auch die Meister selbst
bei der Herstellung von Kannen und Schalen erleben. Über diesen Laden
erreicht man auch Illums Bolighus (siehe Nr. 17) und das Royal Café – sehr
praktisch, wenn es regnet. Die Spezialität des Cafés sind *smushies*: traditio-
nelles dänisches *smørrebrød* in Sushiformat.

*amagertorv 6, www.royalcopenhagen.com, telefon: 33137181, geöffnet: mo-
fr 10.00-19.00, sa 10.00-18.00, so 11.00-18.00, preis: brötchen 125 kr, u-bahn:
kongens nytorv*

⑰ Bei **Illums Bolighus** gibt es alles für zu Hause, häufig von bekannten dänischen Designern wie Erik Bagger, Georg Jensen oder der Marke Bodum. In der Möbeletage finden Sie aktuelle Wohntrends. Wenn Ihnen etwas besonders gut gefällt, das Portemonnaie aber schon fast leer ist, sind die Factory-Outlets von Royal Copenhagen und Georg Jensen in Frederiksberg ein Tipp.

amagertorv 10, www.illumsbolighus.dk, telefon: 33141941, geöffnet: mo-fr 10.00-19.00, sa-so 10.00-18.00, u-bahn: kongens nytorv

⑱ Bei **Hay** dreht sich alles um Design. Es gibt nicht nur Möbel renommierter Designer, sondern auch Accessoires wie Teppiche und Kissen. Neben dem Showroom über dem Café Norden (Eingang Strøget) besitzt Rolf Hay auch ein kleines Geschäft an der Pilestræde (Nr. 29–31).
østergade 61, www.hay.dk, telefon: 99424440, geöffnet: mo-fr 10.00-18.00, sa 10.00-17.00, u-bahn: kongens nytorv

㉑ Das Gebäude, in dem sich das Warenhaus **Magasin du Nord** befindet, war früher ein Hotel (Hotel du Nord). In einem Zimmer unter dem Dach wohnte um 1828 der berühmte Märchenautor Hans Christian Andersen. Er entschied sich nicht ohne Grund für dieses Hotel: Gleich um die Ecke liegt das königliche Theater, und der Märchenmeister träumte von einer Karriere als Balletttänzer oder Schauspieler. Das Magasin du Nord ist das älteste Kaufhaus Skandinaviens.
kongens nytorv 13, www.magasin.dk, telefon: 33114433, geöffnet: täglich 10.00-20.00, u-bahn: kongens nytorv

㉕ Die Marke **Day Birger et Mikkelsen** ist absolut dänisch und steht für einen entspannten, feinen Stil. Im Concept Store gibt es auch Wohnaccessoires.
pilestræde 16, www.day.dk, telefon: 33458880, geöffnet: mo-do 10.00-18.00, fr 10.00-19.00, sa 10.00-16.00, u-bahn: kongens nytorv

㉖ In den Modeläden an der **Kronprinsensgade** findet man modische Kleidung und Schuhe: Bei Stig P (*www.stigp.dk*), Hausnummer 14, bekommt man Freizeitmode und Jeans, exklusive Kleidung für Herren gibt es bei Nummer 9, und Damen gehen zu Bruuns Bazaar (*www.bruunsbazaar.dk*). Gummistiefel und Schuhe gibt es bei Ilse Jacobsen Hornbæk (Nr. 11, *www.ilsejacobsen.dk*), Luxusschuhe bei Notabene, Hausnummer 10 (*www.notabene-shoes.com*).
kronprinsensgade 8, 9, 10, 11 & 14, geöffnet: mo-do 10.00-18.00, fr 10.00-19.00, sa 10.00-16.00, u-bahn: kongens nytorv

㉘ 1835 öffnete der winzig kleine **A. C. Perch´s Thehandel** seine Türen. Und immer noch umweht einen hier ein Hauch der Vergangenheit. Wie früher wird der lose Tee mit Kupfergewichten gewogen. Es gibt auch einen Tearoom, in dem Tee probiert werden kann (rechtzeitig reservieren).
kronprinsensgade 5, www.perchs.dk, telefon: 33153562, geöffnet: laden mo-do 9.00-17.30, fr 9.00-19.00, sa 9.30-16.00, tearoom mo-fr 11.30-17.30, sa 11.00-17.00, u-bahn: kongens nytorv

100% there

③ Der Vergnügungspark **Tivoli** aus dem Jahr 1843 befindet sich neben Hovedbanegård, dem Hauptbahnhof. Es gibt dort nicht nur Attraktionen für Kinder, sondern auch Restaurants und Cafés. Abends ist der Freizeitpark mit Tausenden Lämpchen erleuchtet. Im Sommer finden freitagabends Freilichtkonzerte dänischer und internationaler Musiker statt. Für Besucher, die sich bereits im Park befinden, sind sie gratis. Im Herbst und Winter gibt es Märkte.
vesterbrogade 3, www.tivoli.dk, telefon: 33151001, geöffnet: 10 apr.-21 sept., zwei wochen vor und nach halloween und in der zeit vor und nach weihnachten (mitte nov.-30. dez.) so-do 11.00-23.00, fr-sa 11.00-0.00, eintritt: 95 kr, kombiticket fahrgeschäfte 200 kr, s-tog: københavns hovedbanegård

㉒ Am Kongens Nytorv steht seit 1748 **Det Kongelige Teater**. In diesem prächtigen Gebäude werden vor allem Ballette gezeigt. Kein Interesse? Es gibt auch Führungen durch das Haus. Eintrittskarten für alle Opern- und Theaterhäuser gibt es am kleinen Kiosk neben dem Theatereingang.
kongens nytorv, kglteater.dk, telefon: 33696933, führung so 11.00 (nur auf dänisch), führung: 100 kr, u-bahn: kongens nytorv

㉛ Der **Rundetaarn**, mitten in der Stadt gelegen, war ursprünglich eine Sternwarte und ist jetzt ein Aussichtsturm mit einem großartigen Blick auf Kopenhagen. Treppen steigen muss man nur bis zum letzten Stück, denn die Spitze erreicht man über eine spiralförmige, steile Rampe. Angeblich soll der russische Zar Peter der Große hier mit seinem Pferd hinaufgeritten sein.
købmagergade 52a, www.rundetaarn.dk, telefon: 33730373, geöffnet: täglich 21. mai-20. sept. 10.00-20.00, 21. sept.-20. mai 10.00-17.00, mitte okt.-mitte märz auch di & do 19.00-22.00, eintritt: 25 kr, u-bahn: nørreport

㉜ Wer seinen Geschmacksknospen eine bunte Vielfalt bieten möchte, darf die **Torvehallerne** nicht verpassen. In dieser modernen Markthalle wird an mehr als 60 Ständen Kulinarisches höchster Qualität angeboten: von Ökoprodukten über herrliche Weine und Käse bis hin zu Köstlichkeiten zum Mitnehmen. Beliebt sind die dänischen Häppchen von Danish Minies, die gesunden Produkte von GRØD oder Gutes aus der Chocolaterie von Anthon Berg, Xoco.
frederiksborggade 21, torvehallernekbh.dk, geöffnet: mo-do 10.00-19.00, fr 10.00-20.00, sa 10.00-18.00, so 11.00-17.00, u-bahn: nørreport

TORVEHALLERNE ㉜

㉝ **Ørstedsparken** ist ein bezaubernder Park, der nach dem dänischen Physiker und Chemiker Hans Christian Ørsted benannt wurde. Der Park war einst
Teil der Verteidigungsbauten der Altstadt. In den Sommermonaten lockt ein
Café-Pavillon mit wunderschöner Terrasse.
eingang an der ecke der nørre voldgade, u-bahn: nørreport

Zentrum

S P A Z I E R G A N G 1 (ca. 6,5 km)

Statten Sie einem besonderen Museum ① einen Besuch ab. Danach geht es zum Rathaus ② und zum Tivoli ③, links in der Straße. Den Rådhuspladsen überqueren, links abbiegen und etwas weiter rechts die Studiestræde nehmen. Links in einem kleinen Innenhof finden Sie Retrokleidung ④. Noch etwas weiter warten gemütliche Lokale und nette (Retro-)Läden ⑤ ⑥ ⑦ ⑧. Geradeaus weitergehen zur For Frue Kirke ⑨ und dann links zum Brunchen ⑩ in die Fiolstræde abbiegen. Zurückgehen, die Kirche links liegen lassen, der Straße bis zum Ende folgen und die Jorcks-Passage durchqueren. Danach zweimal rechts abbiegen, um in der Skoubogade Tee zu trinken und Kuchen ⑪ zu essen. Nun über die Knabrostræde Richtung Wasser gehen, um am Kai einen Cocktail ⑫ zu schlürfen oder vorher links in der Kompagnistræde ein Mittagessen zu genießen ⑬ und einen Blick in stilvolle Läden ⑭ ⑮ zu werfen. Der Straße bis zum Amagertorv folgen, wo Sie Porzellan, ein schickes Kaufhaus und einen Einrichtungsladen finden ⑯ ⑰ ⑱. Danach den Højbro Plads überqueren und einen Kaffee trinken ⑲. Für etwas Kulturgenuss links in die Fortunstræde einbiegen ⑳. Die Østergade entlang gehen, um zum Kongens Nytorv mit dem ältesten Kaufhaus Skandinaviens ㉑ und dem Theater ㉒ zu kommen. Zurückgehen und rechts in die Ny Østergade abbiegen, um Cupcakes zu kosten ㉓. Oder um rechts in der Grønnegade etwas zu essen ㉔. Der Straße in entgegengesetzter Richtung bis zum Ende folgen. Danach erst links und dann rechts abbiegen, um Mode zu kaufen ㉕. Über die Pilestræde erreichen Sie die Kronprinsensgade, wo Läden und ein Café warten ㉖ ㉗ ㉘. Rechts über die Købmagergade Richtung Løvstræde gehen und am Ende den Gråbrødretorv ㉙ überqueren. Hier können Sie etwas Feines essen ㉚. Zur Købmagergade zurückgehen, um links die Aussicht zu genießen ㉛. Weitergehen, den Platz überqueren und links in die Straße Richtung Bahnhof Nørreport abbiegen, um in der Torvehallerne ㉜ auf Schlemmerreise zu gehen. Durch die Markthalle hindurch, links, dann rechts abbiegen, vor dem Park links gehen und den Park betreten ㉝. Rechts in Höhe der Ahlefeldtsgade den Park verlassen, die Straße überqueren, rechts abbiegen und den Spaziergang mit einem Glas Wein beenden ㉞.

Frederiksstaden & die kleine Meerjungfrau

Königlicher Palast, Wasserblick und Antiquitätenläden

Zwischen der Meeresenge Øresund und dem Stadtzentrum liegt das aristo-kratische und königliche Kopenhagen. Vor rund 250 Jahren war dieses Gebiet noch unbewohnt, lediglich der königliche Garten zeigte hier seine Pracht. Als der Palast Christiansborg zum dritten Mal niedergebrannt war, wurde dem Park ein neuer Wohnbereich für den dänischen König Frederik und seine Familie hinzugefügt. Dieser Stadtteil wurde nach dem Fürsten Frederiksstaden (Frederik-stadt) benannt, und der Palast, der nach wie vor Residenzsitz ist, trägt den Namen Schloss Amalienborg. In dieser Gegend liegt auch Schloss Rosenborg mit dem Kongens Have (Königspark). Man merkt, dass die Dänen ihre Königs-familie lieben, denn hier tummeln sich viele Dänen, aber auch Touristen.

In diesem Stadtteil gibt es aber noch viel mehr zu entdecken. Zum Beispiel zwei beeindruckende Kirchen, die protestantische Marmorkirken und die russisch-orthodoxe Alexander Nevskij Kirke. In der Nähe der Uni befinden sich einige interessante Museen sowie der wunderschöne Botanische Garten.

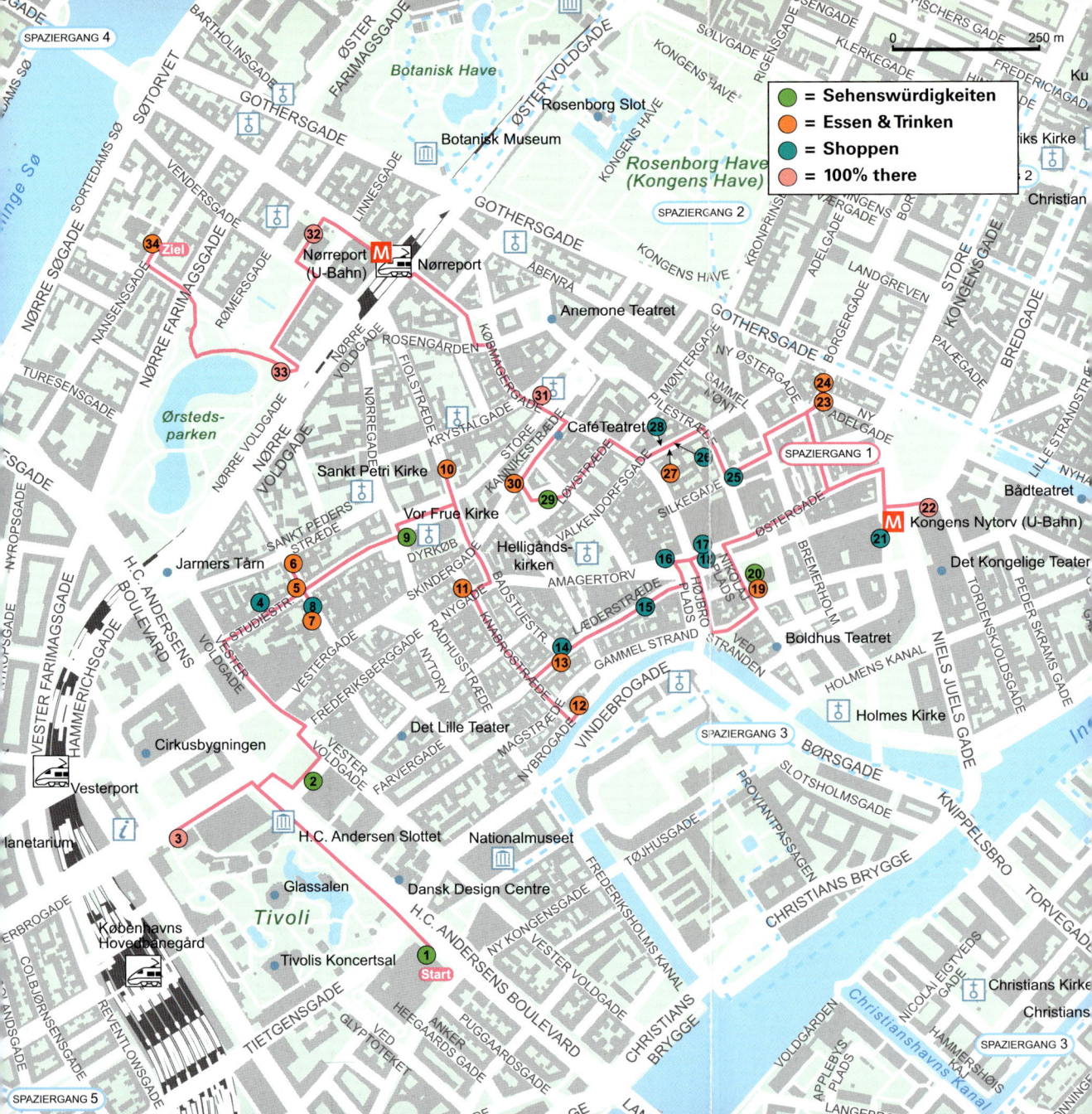

Auch die sternenförmige Festung Kastellet, die einst Teil der Verteidigungsbauten Kopenhagens war, liegt nur einen Steinwurf entfernt. Alles in allem
eine wunderbare Gegend für Spaziergänge!

In der Nähe der Festung thront auf einem Felsen am Kai des Kopenhagener
Hafens die berühmte kleine Meerjungfrau. Die Statue ist zwar wider Erwarten
relativ klein, aber sie ist dennoch das Symbol Dänemarks. Entlang des Kais,
auf dem die Statue ihren Platz gefunden hat, kann man sich wunderbar den
Wind um die Nase wehen lassen und den Kreuzfahrtschiffen hinterherschauen,
die im Sommer an der Langelinie Allé anlegen.

In den prächtigen Straßen Store Kongensgade und Bredgade befinden sich
viele Antikläden und Galerien, ausgefallene Geschäfte und edle Restaurants.
Außerdem sind in dieser Gegend viele große Unternehmen ansässig, was man
an dem kunterbunten Mix aus leger gekleideten Touristen und Geschäftsleuten
in Anzügen erkennen kann.

6 Insider-Tipps

Nyhavn

Am Kai zwischen den bunten dänischen Häusern etwas trinken gehen.

Botanischer Garten

Exotische Pflanzen entdecken.

Ida Davidsen

Smørrebrød essen, so wie es sich gehört.

Rundfahrt

Kopenhagen vom Wasser aus bewundern.

Tolboden

Auf einer Terrasse am Wasser *fish 'n' chips* essen.

B56

Die eigene Garderobe mit dänischer Mode aufwerten.

● Sehenswürdigkeiten
● Shoppen
 Essen & Trinken
 100% there

Sehenswürdigkeiten

(1) Das **Statens Museum for Kunst** ist das nationale Kunstmuseum Dänemarks. Das Gebäude stammt aus dem Jahr 1896 und stellt ein Sammelsurium verschiedener Baustile dar. Auch im Inneren herrscht Abwechslung: Neben Werken dänischer Künstler sind Arbeiten von niederländischen, italienischen und französischen Malern ausgestellt, zum Beispiel von Brueghel, Tizian, Poussin und Matisse. Im Museum kann man auch Fachleuten beim Restaurieren und Säubern der Kunstwerke zusehen.
sølvgade 48-50, www.smk.dk, telefon: 33748494, geöffnet: di & do-so 10.00-17.00, mi 10.00-20.00, eintritt: frei, sonderausstellung 95 kr, u-bahn: nørreport

(2) Versteckt im Østre-Anlæg-Park liegt die **Hirschsprungske Samling**, die Gemälde dänischer Künstler aus dem 19. Jahrhundert zeigt. Gesammelt hat sie der Tabakfabrikant Heinrich Hirschsprung nach bestimmten Motiven: Die Bilder zeigen überwiegend historische Geschehnisse oder Alltagsszenen wie eine Weihnachtsfeier oder eine dänische Landschaft.
stockholmsgade 20, www.hirschsprung.dk, telefon: 35420336, geöffnet: di-so 11.00-16.00, eintritt: 95 kr, u-bahn: nørreport

(3) Den **Botanischen Garten** (Botanisk Have) Kopenhagens, der zum naturhistorischen Museum gehört, gibt es – allerdings an verschiedenen Orten – bereits seit 1600. An den heutigen Standort wurde er erst 1874 verlegt. Die grüne Oase beherbergt eine der größten Pflanzensammlungen weltweit und ist immer einen Besuch wert. Ein weiterer Höhepunkt, im wahrsten Sinn des Wortes, ist das 16 Meter hohe Palmenhaus.
gothersgade 128, botanik.snm.ku.dk, geöffnet: mai-sept. täglich 8.30-18.00, okt.-apr. di-so 8.30-16.00, palmenhaus mai-sept. täglich 10.00-15.00, okt.-apr. di-so 10.00-15.00, eintritt: frei, bus: 350s kongens have

(4) **Schloss Rosenborg** ist ein Stadtschloss, das von König Christian IV. im 17. Jahrhundert größtenteils selbst entworfen wurde. Im Schloss können die Kronjuwelen besichtigt werden. Vor dem Schloss stehen zwei Wachen, deren aufeinander abgestimmte Bewegungen sehr nett zu beobachten sind.
øster voldgade 4a, dkks.dk, telefon: 33153286, geöffnet: nov.-apr. di-so 11.00-16.00, mai & sept.-okt. täglich 10.00-16.00, juni-aug. täglich 10.00-17.00, eintritt: 75 kr, u-bahn: nørreport

⑭ **NYHAVN**

⑤ **Kongens Have**, der Park von Schloss Rosenborg, ist im Renaissancestil angelegt. In den ehemaligen Wächterhäuschen befinden sich heute schöne Geschäfte und Galerien. In Dänemark gibt es noch viele solcher Schlösser, Parks und Festungen zu besichtigen, in diesem Stadtteil allein sind es drei: Rosenborg, Amalienborg und Kastellet. Weitere Informationen über die insgesamt 19 zugänglichen Schlösser und Parks: *www.ses.dk*.

kongens have, www.ses.dk, telefon: 33153286, geöffnet: täglich ab 7.00, eintritt: frei, u-bahn: nørreport

(10) Auf dem Platz **Kongens Nytorv** befindet sich eine Statue von König Christian V. Dort gibt es auch viele Bänke, die dazu einladen, sich ein bisschen auszuruhen und die Menschen zu beobachten. Auf dem Platz gibt es einige Buden (*pølservogn*), die Dänemarks berühmtesten Snack verkaufen: Hotdog. Machen Sie es wie die Dänen und probieren Sie einen *pølser* mit Speck und frittierten Zwiebeln. Lecker!
kongens nytorv, u-bahn: kongens nytorv

(14) Der Kanal von **Nyhavn** wurde um 1672 angelegt, um der Handelsschifffahrt einen direkten Zugang zur Innenstadt zu ermöglichen. Märchenautor Hans Christian Andersen wohnte hier in den Hausnummern 18, 20 und 67. Heute ist der Nyhavn ein beliebter Treffpunkt, um in einem Café etwas zu trinken und Passanten zu beobachten. Im Sommer kommen auch Kopenhagener aus der Umgebung her, um den Feierabend einzuläuten. Viele kaufen sich in den Seitenstraßen etwas zu essen oder zu trinken und setzen sich dann an den Kai.
nyhavn, u-bahn: kongens nytorv

(15) Das Theater **Skuespilhuset**, das 2008 am Ende von Nyhavn über dem Wasser erbaut wurde, ist eines der architektonischen Highlights der Stadt. Außergewöhnlich ist der "Lichtdschungel" am Eingang, eine neun Meter hohe Lichtskulptur in Form von Lianen. Aus der Ferne betrachtet kann man gut sehen, dass die Pfeiler unter der Besucherbrücke schief stehen und dass drei unterschiedliche Glassorten verwendet wurden.
sankt annæ plads 36, kglteater.dk, telefon: 33696933, geöffnet: führungen an bestimmten tagen (siehe website), mi 16.30, sa 9.30 & 16.30, so 10.00 & 16.30, führung: 100 kr, u-bahn: kongens nytorv

(17) **Schloss Amalienborg**, seit 1794 Palast der königlichen Familie, besteht aus vier Herrenhäusern im Rokokostil; im eher unauffälligen Herrenhaus mit den Säulen wohnt Königin Margrethe II. Ein Flügel des Palastes ist für die Öffentlichkeit zugänglich. Das Schloss wird von Soldaten mit Pelzmützen bewacht, die um 12 Uhr ihre Wachablösung zelebrieren. Auch in der Stadt sind immer wieder Wachen auf dem Weg zwischen Amalienborg und ihrem Stützpunkt Kongens Have zu sehen, häufig begleitet von Fanfarenklängen.
amalienborg, dkks.dk/amalienborgmuseet, telefon: 33122186, geöffnet: museum nov.-apr. di-so 11.00-16.00, mai-okt. täglich 10.00-16.00, platz rund um die uhr zugänglich, eintritt: museum 80 kr, u-bahn: kongens nytorv

(18) Die neobarocke **Marmorkirken** – offiziell Frederikskirke – erhielt ihren Namen aufgrund der großen Menge Mamor, die hier verarbeitet wurde. Ursprünglich sollte die gesamte Kirche aus Marmor bestehen, aber wegen der hohen Kosten wurde der Bau 1894 letztlich doch mit Kalkstein beendet. Von der Kuppel aus hat man einen herrlichen Ausblick über die Stadt.
frederiksgade 4, www.marmorkirken.dk, telefon: 33150144, geöffnet: mo, di, do & sa 10.00-17.00, mi 10.00-18.30, fr & so 12.00-17.00, gottesdienst so & feiertage 10.30, kuppel 15. jun-31. aug. täglich 13.00 & 15.00, 1. sept.-14. juni sa-so 13.00 & 15.00, eintritt: kirche frei, kuppel 25 kr, u-bahn: kongens nytorv

(27) Die **Alexander Nevskij Kirke** ist eine russisch-orthodoxe Kirche aus dem Jahr 1883, ein Geschenk von Zar Alexander III. an die Stadt aus Anlass seiner Hochzeit mit einer dänischen Prinzessin. In der Kirche gibt es verschiedene Ikonen und religiöse Gemälde zu bewundern. Wer an Wunder glaubt: Die Ikone der Heiligen Jungfrau soll echte Tränen geweint haben.
bredgade 53, www.ruskirke.dk, telefon: 33136046, geöffnet: di-do 11.30-13.30, sa 10.00-17.00, so 10.00-12.00, eintritt: frei, u-bahn: kongens nytorv

(28) Ein Museum, das mehr Beachtung durchaus verdient hätte und an dem Sie eigentlich nicht vorbeigehen sollten, ist das in einem Anwesen aus dem 17. Jahrhundert untergebrachte **Designmuseum**. Anhand von Exponaten angewandter Kunst aus Europa und Asien erfahren Sie alles über die nationale und internationale Geschichte des Industrie- und Funktionsdesigns. Präsentiert wird eine reichhaltige Sammlung von Textilien bis zu Kolonialmöbeln sowie eine bedeutende Kollektion dänischen Designs aus dem 20. Jahrhundert. Bekannte Designer wie Arne Jacobsen oder Poul Henningsen sind hier vertreten.
bredgade 68, www.designmuseum.dk, telefon: 33185656, geöffnet: di-so 11.00-17.00, mi 11.00-21.00, eintritt: 75 kr, bus: 1a, 15 & 25 esplanaden

(30) Der bronzene **Gefion-Springbrunnen** mit seinen vier Ochsen und der Frau erinnert an die Entstehungsgeschichte der Insel Seeland (dän. *Sjælland*), auf der Kopenhagen liegt. Die Legende besagt, dass die Göttin Gefion auf der Suche nach neuem Land dem mythischen Schwedenkönig Gylfe begegnete. Er versprach ihr so viel Land, wie sie an einem Tag und einer Nacht pflügen könnte. Die Göttin verwandelte daraufhin ihre vier Söhne in starke Ochsen und spannte sie vor den Pflug. Das Land, das sie so bearbeitet hatten, nahm die Göttin und warf es ins Meer. So entstand Seeland! In Schweden dagegen bildete sich ein Loch in der Form Seelands: der heutige Vänersee.
churchillparken, bus: 1a, 15 & 25 esplanaden

(31) Die **St. Alban's Church** liegt außerhalb der Festung Kastellet. Diese typische anglikanische Kirche aus dem Jahr 1887 wurde für die englische Gemeinde in Kopenhagen errichtet, die noch heute aktiv ist: Jeden Sonntag findet eine englischsprachige Messe statt.
churchillparken 6, www.st-albans.dk, telefon: 39627736, geöffnet: im sommer mo-fr 10.00-16.00, eintritt: frei, bus: 1a, 15 & 25 esplanaden

(32) Nachdem man über die Brücke Richtung **Kastellet** gegangen ist, betritt man durch ein Tor die Festung aus dem 17. Jahrhundert mit ihren roten Häuschen. König Christian IV. ließ das Kastellet 1626 als Sitz für die Armee erbauen, die Kopenhagen vor Angriffen unter anderem der Schweden schützen sollte. Die Zeit scheint stehen geblieben zu sein, so ruhig ist es hier. In den Häusern wohnen nach wie vor Leute, die beispielsweise als Maler oder Schreiner für die Armee arbeiten.
kastellet, www.kastelletsvenner.dk, telefon: 33112233, geöffnet: täglich 6.00-22.00, eintritt: frei, bus: 1a, 15 & 25 esplanaden

(33) Bereits seit 1913 schaut die **kleine Meerjungfrau** verträumt auf das Wasser. Diese Märchenfigur wurde einst von Hans Christian Andersen erfunden und ist das Symbol Dänemarks. Die Bronzeskulptur ist ein Geschenk der Carlsberg-Brauerei an die Stadt Kopenhagen und wurde von dem Bildhauer Edvard Eriksen entworfen. Obwohl sie leicht zu übersehen ist und wenig anstößig wirkt, wurde sie schon mehrere Male enthauptet, verkleidet oder mit Farbe beschmiert.
langelinie, www.mermaidsculpture.dk, bus: 26 indiakaj

Essen & Trinken

(7) **Godt** ist ein romantisches Restaurant mit nur wenigen, auf zwei Etagen verteilten Sitzplätzen. Ideal für ein Abendessen zu zweit! Das Restaurant ist stolzer Besitzer eines Michelin-Sterns, und der Koch bereitet überwiegend äußerst leckere Vier- oder Fünf-Gänge-Menüs zu – allesamt skandinavisch geprägt, also mit viel frischem Fisch und Gemüse.

gothersgade 38, www.restaurant-godt.dk, telefon: 33152122, geöffnet: di-sa 18.00-0.00, preis: vier-gänge-menü 580 kr, u-bahn: kongens nytorv

(9) Eine Portion Koffein gefällig? Dann ab in **The Coffee Factory**. Hier werden die Bohnen vor Ort geröstet. Es gibt eine beträchtliche Auswahl an Kaffeesorten und anderen warmen und kalten Getränken. Außerdem werden diverse Süßspeisen, Bio-Säfte und frische Sandwiches serviert. Im Sommer lädt die Terrasse zum Verweilen ein, aber auch innen ist das Lokal mit seiner bunten Retro-Einrichtung und der Kaffeebohnentapete sehr gemütlich.

gothersgade 21, www.thecoffeefactory.dk, telefon: 33320105, geöffnet: mo-di 7.30-19.00, mi-fr 7.30-20.00, sa 9.00-18.00, so 12.00-17.00, preis: latte 30 kr, u-bahn: kongens nytorv

(11) Das stilvolle Restaurant **Geist** hat mehr zu bieten als köstliche Häppchen an der Bar oder Gerichte mit skandinavischem Touch, die Gästen an den Tischen serviert werden. Die hervorragenden Weine haben ebenso zum guten Ruf des Lokals beigetragen wie der herrliche Blick auf den königlichen Platz Kongens Nytorv.

kongens nytorv 8, www.restaurantgeist.dk, telefon: 33133713, geöffnet: täglich 18.00-1.00, preis: 145 kr, u-bahn: kongens nytorv

(12) Der Name des Restaurants **Zeleste** ("himmlisch") umschreibt bereits sehr gut die kulinarischen Highlights, die hier serviert werden: Krebs und frischer Fisch aus der Nordsee sind die Spezialitäten des Hauses, es gibt aber auch Fleischgerichte. Ein Geheimtipp ist der überdachte Garten des Restaurants, in dem man gemütlich am Ofen sitzen kann.

store strandstræde 6, www.zeleste.dk, telefon: 33160606, geöffnet: so-do 10.00-22.30, fr-sa 10.00-23.00, preis: 190 kr, u-bahn: kongens nytorv

THE COFFEE FACTORY ⑨

⑯ Beim Skuespilhuset sollte man auf der Terrasse des **Cafés Ofelia** etwas trinken. Auf dem Holzsteg kann man das schöne Wetter und den Blick auf Oper und Christianshavn genießen und die Boote beobachten.
skuespilhuset, sankt annæ plads 36, kglteater.dk, telefon: 33693931, geöffnet: mo-sa 10.00-23.00, so 10.00-17.00, preis: drei-gänge-menü 329 kr, u-bahn: kongens nytorv

⑳ **Mormors** wirkt mit den alten Lehnsesseln und altmodischen Tapeten, Lampen und Fotos an der Wand, als sei man bei Oma zu Besuch. Ansonsten ist dieses Restaurant sehr zeitgemäß: coole Gäste, leckere Sandwiches und hervorragende Smoothies – alles auch zum Mitnehmen.
bredgade 45, www.mormors.dk, telefon: 33160700, geöffnet: mo-fr 9.30-16.00, sa 11.30-15.00, preis: sandwich 50 kr, u-bahn: kongens nytorv

⑪ **GEIST**

㉑ **Madklubben Bistro de Luxe** ist ein einfaches, aber äußerst beliebtes Bistro. Die Preise in diesem gemütlichen Lokal sind sehr moderat. Daher wundert es nicht, dass sich vor allem ein junges Publikum einfindet. Gerade an den Wochenenden ist viel los, deshalb empfiehlt es sich zu reservieren, vor allem, wenn Sie mit mehr als zwei Personen kommen wollen.

store kongensgade 66, www.madklubben.dk, telefon: 33323234, geöffnet: mo-sa 17.30-0.00, preis: drei-gänge-menü 200 kr, u-bahn: kongens nytorv

(22) **Ida Davidsen** ist eine absolute Expertin auf dem Gebiet des *smørrebrød*. Ihre Familie stellt das dänische Roggenbrot, das meist üppig belegt wird, bereits seit Generationen her. Die Zubereitung des *smørrebrød* hat eine lange Tradition und für die Kombinationen, mit denen es belegt werden darf, gibt es feste Regeln. Doch keine Angst – auch Ihr Favorit ist sicher dabei. Immerhin gibt es bei Ida Davidsen 200 Varianten!
store kongensgade 70, www.idadavidsen.dk, telefon: 33913655, geöffnet: mo-fr 10.30-17.00, juli geschlossen, preis: ab 50 kr, bus: 1a, 15 & 25 fredericiagade

(23) **Taste** ist eine winzige Bäckerei mit einer riesigen Auswahl an köstlichen Torten und Sandwiches. Wer Glück hat, ergattert einen der wenigen Stühle. Falls nicht: Man kann die Leckereien auch gern mitnehmen und dann im Freien am Wasser oder im Park genießen.
store kongensgade 80-82, www.tastedeli.eu, telefon: 33937797, geöffnet: mo-mi 9.30-18.00, do-fr 9.30-19.00, sa-so 10.00-18.00, preis: kaffee 25 kr, sandwich zum mitnehmen 55 kr, bus: 1a, 15 & 25 fredericiagade

(29) Bei **Kafferiet** gibt es köstlichen Kaffee aus frisch gerösteten Bohnen. In diesem kleinen Haus wohnte früher die Mätresse des Königs. Und damit niemand von den heimlichen Treffen erfuhr, gab es angeblich einen Tunnel zum Palast. Weil es im Kafferiet so eng ist, wird man wahrscheinlich nicht lange bleiben wollen. Aber: Mit einer Tasse Kaffee to go in der Hand ist man in Kopenhagen absolut im Trend.
esplanaden 44, www.kafferiet.net, telefon: 33939304, geöffnet: mo-fr 7.30-18.00, sa-so 10.00-18.00, preis: kaffee 22 kr, bus: 1a, 15 & 25 esplanaden

(34) Lassen Sie an einem warmen Sommerabend auf der Terrasse mit einem Glas Wein in der Hand und dem Meer vor Augen den Tag ausklingen oder genießen Sie im Winter die Atmosphäre in der stilvoll eingerichteten einstigen Fabrikhalle: Das **Tolboden** ist zu jeder Jahreszeit zu empfehlen. Meeresfrüchte sind die Spezialität des Hauses. An Freitagen und Samstagen lädt die hauseigene Bar zum Cocktailtrinken ein und im Nightclub kann man bis spät in die Nacht tanzen.
nordre tolbod 18-24, www.toldboden.com, telefon: 33930760, geöffnet: mi-sa 16.00-0.00, bar & club fr-sa 23.00-3.00, grillen apr.-sept., preis: fish 'n chips ab 165 kr, cocktail 100 kr, bus: 1a, 15 & 25 esplanaden

Shoppen

(8) Bei **Lubarol** bekommt man ausgefallene Damenkleidung, die sonst nur schwer zu finden ist. Der Stil variiert, ist jedoch meist sehr weiblich und modern mit traditionellen Details.
gothersgade 34, www.lubarol.dk, telefon: 33324878, geöffnet: mo-fr 11.00-18.00, sa 11.00-16.00, u-bahn: kongens nytorv

(19) In der **Bredgade** wechseln sich Kunstgalerien, Antikläden und dänisches Design ab. In der dänischen Kunstwelt sind die Galerien Christian Dam, Birch, Nørby und Asbæk führend. Letztere beherbergt auch ein kleines Lunchcafé.
bredgade 3, 6, 10, 14-16, 18, 24, 27, 28, 32, 33, 47, u-bahn: kongens nytorv, bus: 1a, 15 & 25 odd fellow palæet

(24) **Area** ist ein Laden voller Schnickschnack, ausgefallener Spielereien und verrückter Geschenke. Einen bestimmten Stil suchen Sie hier vergeblich, die Inhaberin kauft einfach alles, was sie selbst schön findet.
store kongensgade 73, www.areastore.dk, telefon: 33323877, geöffnet: mo-do 11.00-18.00, fr 11.00-19.00, sa 10.00-17.00, bus: 1a, 15 & 25 fredericiagade

(25) **Nyt i Bo** ist dänisch und heißt "neu im Wohnen". Der Name soll aber nicht etwa bedeuten, dass man hier neu auf dem Gebiet wäre. Im Gegenteil: Nyt i Bo ist seit Jahren auf skandinavisches Design spezialisiert und präsentiert eine umfangreiche Kollektion an Möbeln, Teppichen und Lampen.
store kongensgade 88, www.nytibo.dk, telefon: 33143314, geöffnet: mo-fr 11.00-17.30, sa 11.00-14.00, bus: 1a, 15 & 25 fredericiagade

(26) Der kleine Laden **B56** liegt gut versteckt in einem ehemaligen Marstall in einem Innenhof an der Bredgade. Die Kollektion der von Mutter und Tochter geführten Boutique besteht vor allem aus beliebten dänischen Marken und Kreationen einiger junger skandinavischer Designer. Tochter Stephanie weiß bestens Bescheid, sie schreibt für den beliebtesten Modeblog Dänemarks.
bredgade 56, www.b56store.com, telefon: 33113396, geöffnet: mo-fr 11.00-18.00, sa 11.00-16.00, u-bahn: kongens nytorv, bus: 1a, 15 & 25 odd fellow palæet

⑥ **PICKNICK IM KONGENS HAVE**

100% there

(6) Sobald die Sonne scheint, trifft sich halb Kopenhagen im **Kongens Have**. Machen Sie es den Einheimischen nach und lassen Sie bei einem **Picknick** im Park die Seele baumeln. Familien, Studenten, Jugendliche und Büroangestellte verbringen hier gern ihre Zeit mit Fußballspielen oder Spazierengehen. Ein wunderbarer Ort für eine Verschnaufpause!

kongens have, u-bahn: nørreport

(13) Es klingt nach einem Klischee und einer Touristenattraktion: Aber sich Kopenhagen vom Wasser aus anzuschauen, ist absolut lohnenswert! Die Stadt ist nämlich tatsächlich von Wasser umringt. Während einer einstündigen **Rundfahrt** erfahren Sie einiges über die Sehenswürdigkeiten wie die kleine Meerjungfrau, über Nyhavn, die niederländischen Architekten von Christianshavn und die modernen Gebäude wie das Opernhaus und die neue Bibliothek. Es werden verschiedene Touren – auch eine spezielle Architekturstrecke – angeboten, und im Sommer kann man zu einer Bootstour mit Live-Jazzmusik in See stechen.

abfahrt ab nyhavn (seite vom kongens nytorv) und gammel strand, www. stromma.dk/en/canaltours, telefon: 32963000, nähere informationen auf der website oder beim kartenverkauf an den anlegestellen, preis: rundfahrt 75 kr, u-bahn: kongens nytorv

(35) Wer einmal kurz aus der Stadt heraus möchte, der sollte zur künstlichen **Insel Trekroner** aufbrechen. Trekroner wurde 1787 angelegt und diente mit seinem Fort ursprünglich zu Verteidigungszwecken. Rechts neben dem Eingang liegt im ehemaligen Kommandantenhaus ein gemütliches Café-Restaurant. Im Sommer ist es hier auf der Terrasse einfach herrlich! Und: Es ist einer der wenigen Plätze, an denen man den dänischen Zungenbrecher *rødgrød med fløde* bestellen kann: rote Grütze mit Sahne.

trekroner, www.trekronerfort.dk, telefon: 38254444, geöffnet: café ende mai-sept. täglich 11.00-17.00, preis: "hop-on hop-off"-wasserbus tageskarte 60 kr, mittagessen 60 kr, zwei-gänge-menü 245 kr, boot ab nyhavn (dauer: 40 min.), anlegestelle mit bus 29 erreichbar

Frederiksstaden & die kleine Meerjungfrau

SPAZIERGANG 2 (ca. 8,5 km)

Der Spaziergang beginnt mit Kunst (1) (2). Weiter geht es zur Øster Voldgade, um rechts einen Rundgang durch den Botanischen Garten zu machen (3). Den Garten durch das gleiche Tor wieder verlassen und zum Rosenborgslot (4) zurückgehen, um die Kronjuwelen zu bewundern. Anschließend die Ruhe im Schlosspark von Kongens Have (5) genießen und picknicken (6). Den Park über den Ausgang an der Gothersgade Ecke Kronprinsessegade verlassen. Links in die Gothersgade einbiegen, um einen Tisch für den Abend zu reservieren (7), Mode zu kaufen (8) und Kaffee zu trinken (9). Weiter geht es Richtung Kongens Nytorv (10), wo ein schickes Mittagessen wartet (11). Auf dem Weg zum Wasser gibt es in einer der Querstraßen ein stimmungsvolles Lokal mit schönem Innenhof (12). Eine Rundfahrt machen (13) und danach die bunten Häuser in Nyhavn (14) besichtigen. Weitergehen in Richtung des imposanten Skuespilhuset (15) (16). Das Gebäude umrunden und am Wasser entlanggehen. Beim Springbrunnen die Aussicht genießen. Links abbiegen und den Platz vor dem Schloss Amalienborg (17) in Richtung Marmorkirken (18) überqueren. Zurückgehen und rechts in die Bredgade einbiegen, um in Kunst und Antiquitäten zu stöbern (19) oder Tee zu trinken (20). Etwas weiter an der Ecke rechts abbiegen und gleich danach wieder rechts. Noch keinen Tisch für den Abend? Dann können Sie hier reservieren (21). Geradeaus warten weitere Shoppingmöglichkeiten und Sie können ein Stück Torte oder *smørrebrød* essen (22) (23) (24) (25). Zweimal rechts gehen, um in der Bredgade eine Boutique (26) oder eine russisch-orthodoxe Kirche (27) zu besuchen. In entgegengesetzter Richtung weitergehen, bis Sie am Ende der Straße auf das Designmuseum (28) treffen. Rechts abbiegen und gegenüber vom Park einen Kaffee mitnehmen (29). Schräg gegenüber befinden sich der Gefion-Springbrunnen (30) und die St. Alban's Church (31). Dem Weg in Richtung Kastellet (32) folgen. Das Fort über die Brücke verlassen und die Treppe hinaufgehen. Rechts abbiegen, um das Wahrzeichen der Stadt zu bewundern (33). Mit dem Wasser zu Ihrer Linken weitergehen und den Spaziergang auf einer Terrasse beenden (34). Lust auf mehr? Dann nach Nyhavn zurückgehen, um von dort per Schiff die Insel Trekroner (35) oder eine der Inseln Hven oder Flakfortet zu besuchen.

Slotsholmen & Christianshavn

Die Werke von Architekten und Künstlern

Slotsholmen ist das alte Herz Kopenhagens. Das Schloss Christiansborg wurde im 12. Jahrhundert erbaut, als Kopenhagen noch ein Fischerdorf war. Der Handel erblühte schnell, und 1443 wurde Kopenhagen – auf Deutsch "Handelshafen" – zur Hauptstadt Dänemarks ernannt. Gegenwärtig befindet sich in Slotsholmen das politische und wirtschaftliche Zentrum der Stadt. Es gibt aber auch viele Museen wie das Thorvaldsens Museum und das Nationalmuseet. Am Wasser liegt eines der architektonischen Highlights: der Anbau der königlichen Bibliothek, Den Sorte Diamant (der schwarze Diamant). Gegenüber vom Hafen und auf der anderen Seite der Brücke Knippelbro liegt das Künstlerviertel Christianshavn. Fachwerkhäuser, farbenfrohe Fassaden, kleine Häfen und schmale Straßen verleihen dem Viertel einen besonderen Charme. Hier liegen auch die Universitäten für Kunst, Musik und Architektur. Die Häuser sind in viele kleine Wohnungen unterteilt, und auf der Straße trifft man jede Menge junge Leute.

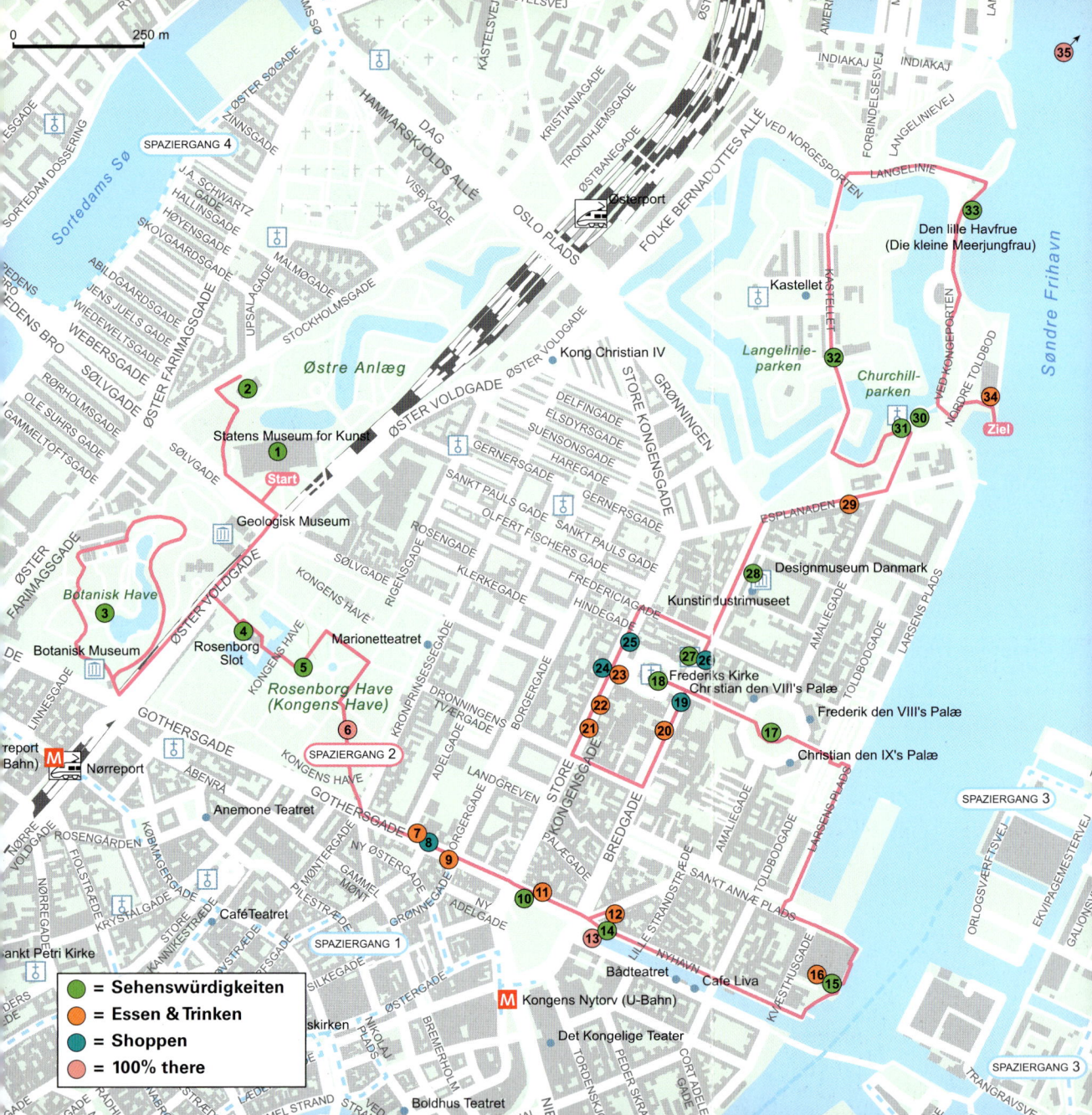

SPAZIERGANG 4

0 ————— 250 m

Østerdam Dossering

Sortedams Sø

PEDENS BRO
PEDENS SØ

RYEGADE

ØSTER SØGADE

ZINNASGADE

J.A. SCHWARTZ
HALLINGSGADE
HØYENSGADE
SKOVGAARDSGADE

UPSALAGADE
MALMOGADE
STOCKHOLMSGADE

ABILDGAARDSGADE
JENS JUELS GADE
WIEDEWELTSGADE
WEBERSGADE
SØLVGADE
RØRHOLMSGADE
OLE SUHRS GADE
GAMMELTOFTSGADE

DAG HAMMARSKJOLDS ALLÉ

VISBYGADE

OSLO PLADS

KASTELSVEJ

KRISTIANIAGADE
TRONDHJEMSGADE

ØSTBANEGADE

ØSTE

FOLKE BERNADOTTES ALLÉ   VED NORGESPORTEN

INDIAKAJ   INDIAKAJ

AMERIK

MI

LAN

FORBINDELSESVEJ
LANGELINIEVEJ

LANGELINIE

33 Den lille Havfrue
(Die kleine Meerjungfrau)

Søndre Frihavn

Østerport

KASTELLET

Kastellet

Langelinieparken

Churchillparken

32

31 30

34 Ziel

VED TOLDBOD
NORDRE TOLDBOD
VED KONGEPORTEN

35

Kong Christian IV

ØSTER VOLDGADE

DELFINGADE
ELSDYRSGADE
SUENSONSGADE
HAREGADE

STORE KONGENSGADE

GRØNNINGEN

2

Østre Anlæg

Statens Museum for Kunst
1
Start

Geologisk Museum

ESPLANADEN   29

28   Designmuseum Danmark

Kunstindustrimuseet

ØSTER FARIMAGSGADE

Botanisk Have
3

Botanisk Museum

SØLVGADE
ROSENGADE
RIGENSGADE
KLERKEGADE

SANKT PAULS GADE
OLFERT FISCHERS GADE
SANKT PAULS GADE
GERNERSGADE
GERNERSGADE

FREDERICIAGADE
HINDEGADE

4

Rosenborg Slot

5   Marionetteatret

KONGENS HAVE
KRONPRINSESSEGADE

Rosenborg Have
(Kongens Have)

6
SPAZIERGANG 2

GOTHERSGADE

DRONNINGENS TVÆRGADE

BORGERGADE
ADELGADE

25
24 23
18

27 26
Frederiks Kirke
Christian den VIII's Palæ

19

AMALIEGADE
TOLDBODGADE
LARSENS PLADS

Frederik den VIII's Palæ

22
21   20

17   Christian den IX's Palæ

SPAZIERGANG 3

NØRRE VOLDGADE
report
Bahn) M Nørreport

Nørreport

ABENRA
ROSENGÅRDEN
KØBMAGERGADE

STORE KONGENSGADE

Anemone Teatret

LANDGREVEN

GOTHERSGADE

NY ØSTERGADE
GAMMEL MØNT
PILESTRÆDE
MØNTERGADE

KONGENS HAVE

7
8
9

PALÆGADE
BREDGADE

SANKT ANNÆ PLADS
SANKT STRANDSTRÆDE

FIOLSTRÆDE
KRYSTALGADE
KANNIKESTRÆDE

CaféTeatret

CaféTeatret

GRØNNEGADE
NY ADELGADE

10 11

AMALIEGADE
TOLDBODGADE

LILLE STRANDSTRÆDE

SPAZIERGANG 1

Sankt Petri Kirke

SILKEGADE

12
13 14

Bådteatret

Cafe Liva

16 15

LARSENS PLADS
KVÆSTHUSGADE
NYHAVN

ORLOGSVÆRFTSVEJ
EKVIPAGEMESTERVEJ

SPAZIERGANG 3

skirken

M Kongens Nytorv (U-Bahn)

Det Kongelige Teater

TORDENSKJOLDSGADE
PEDER SKRAM

CORT ADELER
GALIONSVEJ

TRANGRAVSVEJ

HEIBERGSGADE

Boldhus Teatret

GAMMEL STRAND
VED STRANDEN

NIELS JUELS GADE

= Sehenswürdigkeiten

= Essen & Trinken

= Shoppen

= 100% there

3

Christiana besitzt in Kopenhagen einen Sonderstatus. 1971 wurden einige der leer stehenden Baracken besetzt, aber anstatt die Hausbesetzer zu vertreiben, entschied die damalige Regierung, dies als ein "soziales Experiment" zu betrachten. Inzwischen haben die Hausbesetzer ihren eigenen Freistaat, den auch viele Kopenhagener gern besuchen. Marihuana wird hier übrigens öffentlich verkauft und geraucht, obwohl dies nicht mehr erlaubt ist.

Die ehemalige Armeeinsel Holmen hat in den letzten Jahren ein völlig neues Gesicht erhalten. Die dänische Armee hatte nämlich den Rückzug von der Insel beschlossen und hinterließ mitten im Zentrum ein großes Areal mit alten Unterkünften und Werkstätten. Die Gebäude wurden daraufhin stilvoll renoviert und heute beheimaten sie Fakultäten, Wohnungen und kleine Unternehmen. Außerdem wurde hier die neue Oper errichtet.

Am Kai der Islands Brygge halten sich die Kopenhagener gern auf. In den ehemaligen Hafengebäuden am Wasser sind zahlreiche Restaurants und Läden entstanden.

6 Insider-Tipps

Islands Brygge

Am Kai picknicken und im Wasser Abkühlung suchen.

Halvandet

Im angesagten Strandclub an einem Cocktail nippen.

Den Sorte Diamant

In einem imposanten Gebäude in Büchern schmökern.

Christiania

Die Freistadt erkunden und den Tag mit einem Essen abrunden.

Sank Anæ 8

Erleben Sie dänische Gemütlichkeit in diesem kleinen Restaurant.

Kayak Republic

Die Stadt vom Wasser aus erkunden.

● Sehenswürdigkeiten   ● Essen & Trinken
● Shoppen   100% there

Sehenswürdigkeiten

(1) Im **Nationalmuseet** erfahren Sie alles über dänische Geschichte und Kultur. Mit seinen archäologischen Funden und anderen Ausstellungsstücken ermöglicht es eine Reise durch die dänische Historie. Das Museum, mit einem Bereich für Kinder, befindet sich in einem klassischen Herrenhaus aus dem 18. Jahrhundert. Im hauseigenen Restaurant Julian (siehe Nr. 2) kann man den Museumsbesuch kulinarisch abrunden oder unterbrechen.
ny vestergade 10, www.nationalmuseet.dk, telefon: 33134411, geöffnet: di-so 10.00-17.00, eintritt: frei, bus: 2a, 15 & 40 nationalmuseet

(4) Das **Thorvaldsens Museum** präsentiert Skulpturen des dänischen Bildhauers Bertel Thorvaldsen (1770–1844) sowie Kunstwerke, die dieser sammelte. Das Museum wurde 1848 fertiggestellt, einige Jahre nach Thorvaldsens Tod. Der Künstler wurde im Garten des Museums beigesetzt.
bertel thorvaldsens plads 2, www.thorvaldsensmuseum.dk, telefon: 33321532, geöffnet: di-so 10.00-17.00, eintritt: 40 kr, mi frei, bus: 2a, 15 & 40 christiansborg

(5) Das neobarocke **Schloss Christiansborg** von Christian VI. ist heute Sitz des dänischen Parlaments, außerdem nutzt die Königin die Empfangssäle für offizielle Anlässe. Die Säle sind über den Eingang im Turm zugänglich. Unter dem Schloss sind die Ruinen des ehemaligen Palastes zu besichtigen. Interessierte können im Seitenflügel den Marstall, das Fahrzeugmuseum und ein Hoftheater besuchen. Werfen Sie einen Blick in die 1926 errichtete Slotskirke, in der die kirchlichen Trauerfeiern für Mitglieder des Königshauses stattfinden.
prins jørgens gård, telefon: 33926492, geöffnet: mai-sept. täglich 10.00-16.00, okt.-apr. di-so 10.00-16.00, führung täglich 14.00 (dänisch) & 15.00 (engl.); marstall & fahrzeugmuseum fr-so 14.00-16.00, okt.-apr. fr geschlossen, eintritt: empfangssäle 70 kr, ruinen 40 kr, marstall 20 kr, bus: 2a, 15 & 40 christiansborg

(6) Im **Børsen**, einem roten Backsteingebäude mit Kupferdach, befindet sich die dänische Börse. König Christian IV. ließ das prachtvolle, monumentale Bauwerk im Jahr 1618 errichten – im niederländischen Renaissancestil, worauf vor allem die zahlreichen Treppengiebel hindeuten. Gekrönt wird das Gebäude von einem Turm aus vier verschlungenen Drachenschwänzen.
børsen, www.borsbygningen.dk, telefon: 30746000, nicht öffentlich zugänglich, bus: 2a, 15 & 40 christiansborg

⑧ TØJHUSMUSEET

⑧ Mit der Inthronisation Christians IV. hielt im Jahr 1596 die Renaissance Einzug in Dänemark. Zu seinen ersten Amtshandlungen gehörte der Auftrag zum Bau des imposanten königlichen Zeughauses. Die längste Gewölbehalle Europas dient seit 1928 als Heimat des **Tøjhusmuseet**, in dem unter anderem die historische Waffensammlung zu sehen ist. Neben der Dauerausstellung finden hier auch regelmäßig Sonderausstellungen statt, und im Oktober ist der Platz neben dem Museum die Bühne für einen Mittelaltermarkt.

tøjhusgade 3, telefon: 33116037, geöffnet: di-so 12.00-16.00, eintritt: frei, bus: 2a, 9a en 40 det kongelige bibliotek

(10) Das **Dansk Jødisk Museum** widmet sich ganz der jüdischen Kultur, wobei der Fokus auf der jüdischen Identität sowie den Traditionen liegt. Mit seinen geometrischen Flächen und schrägen Wänden ist das Museum auch architektonisch außergewöhnlich. Der Entwurf stammt vom dänischen Architekten Daniel Libeskind, der auch das Jüdische Museum in Berlin geplant hat.
proviantpassagen 6, eingang im garten der königlichen bibliothek, www. jewmus.dk, telefon: 33112218, geöffnet: juni-aug. di-so 10.00-17.00, sept.-mai di-fr 13.00-16.00, sa-so 12.00-17.00, eintritt: 50 kr, bus: 66 det kongelige bibliotek

(11) Die alte königliche Bibliothek von Kopenhagen aus dem Jahr 1906 ist über eine Brücke mit **Den Sorte Diamant** (der schwarze Diamant) verbunden. Dieser neue Teil der Bibliothek ist eines der Highlights der modernen dänischen Architektur. Das Gebäude verdankt seinen Namen dem schwarzen Granit, der beim Bau verwendet wurde. In der Bibliothek gibt es eine Kaffeebar, einen Buchladen und Ausstellungsräume. Im ersten Stock befinden sich der alte und der neue Lesesaal.
søren kierkegaards plads 1, www.kb.dk, telefon: 33474747, geöffnet: mo-sa 8.00-21.00, eintritt: frei, bus: 66 det kongelige bibliotek

(12) **Holmen** ist eine Insel, auf der früher die dänische Armee stationiert war. Heute steht dort die neue Oper, und die ehemaligen Armeegebäude haben alle eine neue Verwendung gefunden: Die einstige Kupfergießerei ist heute Universitätsgebäude, und in den Munitionslagern haben sich kleine Betriebe angesiedelt. Die Torpedohalle wurde in einen Luxusappartementkomplex umgebaut. Auf der Insel befinden sich unter anderem auch die Musik- und Architekturfakultät. Es lohnt sich, die Ausstellungen sowie die Architektur-Bibliothek zu besuchen oder den Übungsstunden der Musikstudenten zu lauschen. Im Sommer lädt die Wiese neben der Oper zu einer Pause ein.
wasserbus oder bus: 66

(13) Der Eigentümer von Skandinaviens größtem Unternehmen, Maersk, schenkte der Königin ein **Opernhaus**. Das Gebäude hat ein charakteristisches Dach und ähnelt einer Schiffsbrücke. Damit spielt es auf die Branche des Spenders an: die Container-Reederei. Es finden Führungen statt.
ekvipagemestervej 10, kglteater.dk, telefon: 33696933, geöffnet: lobby täglich 10.00-21.00, eintritt: je nach vorstellung, karten beim ticketbüro des kongelig teater, führung: 100 kr, bus: 66 operaen, alle wasserbusse (901, 902, 903)

(14) Am östlichen Ende der Danneskiold Samsøes Alleé liegt das **Militärgelände Holmen**, das einzige Überbleibsel der dänischen Armee in dieser Gegend. Hier können Marineschiffe und ein U-Boot besichtigt werden, und außerdem stehen dort Kanonen, die noch jeden Tag abgefeuert werden.
elefanten, www.skibepaaholmen.dk, eintritt: frei

(16) 1971 ließen sich Hausbesetzer in den Militärbaracken nieder. Seitdem hat sich **Christiania** zu einer Kommune mit über 900 Menschen entwickelt. Viele Künstler verkaufen ihre Arbeiten wie zum Beispiel schmiedeeiserne Zäune und Kunstobjekte, Leder oder Keramikwaren. Der Erfinder des Christiania Bike – des Lastenfahrrads, das aus dem Stadtbild Kopenhagens nicht mehr wegzudenken ist – wohnt zwar nicht mehr hier, aber seinen ehemaligen Arbeitsplatz gibt es noch, und dort werden nach wie vor Fahrräder hergestellt. Die Freistadt auf eigene Faust zu erkunden ist kein Problem, allerdings gibt es auch Führungen. Aufgepasst: In der Pusherstreet (Drogenhandel) ist das Fotografieren verboten. Wer lieber an einer Gruppenführung teilnimmt, kann sich über unten stehende E-Mail-Adresse anmelden.
haupteingang prinsessegade, www.christiania.org, bestilling@rundvisergruppen. dk, meistens öffentlich zugänglich, führung sa-so 15.00, im sommer täglich 15.00, eintritt: frei, führung 40 kr, u-bahn: christianshavn, bus: 66 christiania

(20) Die auffällige **Vor Frelsers Kirke** hat einen Turm mit einer außen laufenden Wendeltreppe und einer goldenen Spitze. Insgesamt sind 400 Stufen zu bewältigen, aber die Aussicht bei klarem Wetter ist einfach großartig – über die Stadt hinweg bis Malmö und die Küste entlang weit nach Norden. In der Kirche steht eine wunderschöne Orgel. Hier finden viele Konzerte statt.
sankt annæ gade 29, www.vorfrelserskirke.dk, geöffnet: täglich 11.00-15.30, fr 20.00-23.00 (oft mit konzert), turm apr.-okt., eintritt: turm 30 kr, u-bahn: christianshavn, bus: 2a

(24) Im **Dänischen Architekturzentrum** (DAC) dreht sich alles um Architektur, Städtebau und Bauwesen. Das Zentrum zeigt Dauer- und Wechselausstellungen, im Buchladen kann man stundenlang stöbern, und vom Café aus hat man einen wunderbaren Blick über den Hafen von Kopenhagen.
strandgade 27b, www.dac.dk, telefon: 32571930, geöffnet: mo-fr 10.00-18.00, mi 10.00-21.00, sa-so 10.00-17.00, eintritt: 40 kr, mi ab 17.00 frei, u-bahn: christianshavn, bus: 66

DEN SORTE DIAMANT ⑪

㉘ Die Gracht **Overgaden neden Vandet** erinnert an die Grachten in den Niederlanden, und das nicht nur, weil dort viele niederländische Boote im Wasser liegen. Die Gegend rund um die Gracht wird oft als "Klein Amsterdam" bezeichnet. Bis zum 16. Jahrhundert war das Gebiet jedoch völlig unbewohnbar, denn hier gab es nur Sümpfe. Anfang des 17. Jahrhunderts ließ dann Christian IV. einen Teil der Sümpfe von niederländischen Architekten trockenlegen, sodass sie mit einer Festungsstadt und einem Marinestützpunkt bebaut werden konnten. Die ehemaligen Lagerhäuser und Schiffswerften wurden später zu Appartements und Büroräumen umgebaut.

overgaden neden vandet, u-bahn: christianshavn, wasserbus: knippelsbro

Essen & Trinken

② Das **Restaurant Julian** befindet sich im hinteren Bereich des National-museet. Die Kopenhagener kommen gern zum Brunchen hierher, nicht zu-letzt auch wegen des Blicks über den überdachten Løvegård (Löwengarten) des Museums. Brunchen kann man entweder mit Essen vom Buffet oder mit belegten Brötchen. Und für die Kleinsten gibt es eigene Gerichte.
ny vestergade 10, www.toldboden.com/nationalmuseet, telefon: 33933387, geöffnet: mo-fr 11.00-16.45, sa-so 10.00-16.45, preis: 225 kr viking buffet, bus: 2a, 15 & 40 nationalmuseet

⑮ **Halvandet** ist ein Strandclub am Stadtrand, der sogar auf Platz 10 der Hitliste der besten Strandclubs Europas steht. Hier lässt es sich bei einem köstlichen Mojito und fantastischer Aussicht im Strandkorb großartig relaxen.
refshalevej 325, www.halvandet.dk, telefon: 70270296, geöffnet: 20.-30. apr. & 1.-11. sept. täglich 10.00-sonnenuntergang, mai-aug. täglich 10.00-bis spät-abends oder noch später, je nach wetter, preis: hauptspeise 130 kr, flasche cava 225 kr, wassertaxi: ab nyhavn, bus: 40 und "hop-on hop-off"-boot, www. canaltours.dk, abfahrt ende mai-sept. täglich 10.00-17.30, tagesfahrkarte 40 kr

⑰ Im **Café Nemoland** trifft man Menschen unterschiedlichster Couleur. Kein Wunder angesichts der guten Qualität und der günstigen Preise. Im Sommer ist die Terrasse ein beliebter Treffpunkt, vor allem an Wochenenden, wenn man hier kostenlos Open-Air-Auftritte mehr oder weniger bekannter Musiker aus Dänemark verfolgen kann.
bådsmandsstræde 43, www.nemoland.dk, telefon: 32958931, geöffnet: so-do 11.00-0.00, fr-sa 11.00-3.00, preis: nemoburger 100 kr, u-bahn: christianshavn, bus: 66 bodenhoffs plads

⑱ Die Einwohner von Christiania betreiben das Restaurant **Spiseloppen**. Die sehr abwechslungsreiche Karte wurde gemeinsam erstellt und das An-gebot zeigt deutlich, wie multikulturell Christiania ist. Das Restaurant ist nur abends geöffnet. Am Wochenende sollte man rechtzeitig reservieren.
christiania, unweit des ausgangs an der prinsessegade, www.spiseloppen.dk, telefon: 32579558, geöffnet: di-sa 17.00-22.00, so 17.00-21.00, preis: 190 kr, u-bahn: christianshavn

HALVANDET ⑮

㉑ Im **Café Oven Vande** treffen sich sowohl die jungen Einwohner von Christianshavn als auch die älteren – ein bunt gemischtes Publikum. Man wirft einen kurzen Blick in die Zeitung oder trinkt einen Caffè Latte. Im Sommer lockt die Terrasse, von der aus man – hinter einer Sonnenbrille versteckt – wunderbar die im Wasser liegenden Boote, die Touristen und andere relaxte Gäste beobachten kann.

overgaden oven vandet 44, www.cafeovenvande.dk, telefon: 32959602, geöffnet: täglich 10.00-0.00, preis: brunch 139 kr, burger 119 kr, u-bahn: christianshavn

㉒ In **Sankt Annæ 8** ist immer viel los. Auch wenn draußen keine Menschenseele mehr unterwegs ist, herrscht in dem kleinen Lokal an der Wildersgade Ecke Sankt Annæ Gade immer *hygge* ("Gemütlichkeit"). Auf der wöchentlich wechselnden Speisekarte finden sich frei interpretierte französische und italienische Klassiker in gehobener Qualität. Mitnehmen kann man die Gerichte auch, zum Beispiel, wenn Sie beim Essen lieber direkt am Wasser sitzen möchten. Außerdem werden besondere Weine, eine tolle Käseauswahl und andere Delikatessen angeboten.

wildersgade 52, www.sanktannae8.com, telefon: 25214277, geöffnet: mo-sa 11.30-22.00, so 11.30-18.00, preis: ca. 120 kr, je nach gericht, u-bahn: christianshavn

㉓ Wie der Name schon sagt, gönnt man sich bei **Sweet and Treat** mal was Süßes. Von hausgemachten Kuchen, Muffins und Brownies über *smørrebrød* bis hin zu Bio-Smoothies, Kaffee oder Tee, die Auswahl ist groß. Besondere Aufmerksamkeit richtet sich hier auf den Tee, was nicht wirklich verwunderlich ist, denn einer der Inhaber betrieb früher einen Teeladen. Zudem befinden sich italienische Weine, Olivenöl, eine himmlische Mousse au Chocolat und Tiramisu im Angebot. Bei schönem Wetter kann man draußen vor dem Laden auf bunten Stühlen Platz nehmen und seine *treats* genießen.

sankt annæ gade 3a, www.sweettreat.dk, telefon: 32954115, geöffnet: mo-fr 7.30-18.00, sa-so 10.00-17.00, preis: tee 22 kr, u-bahn: christianshavn

㉕ **Noma** wurde 2012 zum dritten Mal in Folge zum besten Restaurant der Welt gekürt. Wer hier speisen möchte, muss sich allerdings richtig anstrengen, denn nur alle drei Monate können Tische reserviert werden. Und schon nach einem Tag sind die nächsten drei Monate wieder komplett ausgebucht. Wer sein Glück vor Ort versuchen möchte, sollte gegen 12 Uhr ins Restaurant gehen und fragen, ob ein Gast abgesagt hat. Leider alles voll? Ein kurzer Blick in das Restaurant lohnt sich dennoch: Das Restaurant ist schlicht, aber stilvoll mit Möbeln dänischer Top-Designer eingerichtet. Auf der Karte stehen vor allem besondere skandinavische Gerichte mit Zutaten aus der Region.

strandgade 93, www.noma.dk, telefon: 32963297, geöffnet: di-sa 12.00-16.00 & 19.00-0.30 (küche bis 22.00), preis: mittagsmenü 1095 kr, abendmenü (ca. 20 gänge!) 1600 kr, u-bahn: christianshavn

SICILIANSK IS
GELATO SICILIANO

㉗

㉗

㉝

(26) Die typisch dänische Küche im Restaurant **Kanalen** sollte man unbedingt einmal probiert haben. Das Restaurant liegt idyllisch an einer Gracht, die vom Christianshavns-Kanal zum Hafen fließt. Hat der Wein zum Essen geschmeckt? Im dazugehörigen Weinladen kann man seinen Lieblingswein kaufen und mit nach Hause nehmen.

wilders plads 2, www.restaurant-kanalen.dk, telefon: 32951330, geöffnet: mo-sa 11.30-0.00, weinladen 9.00-17.00, preis: drei-gänge-menü 360 kr, u-bahn: christianshavn, bus: 66

(27) Bei Kopenhagen denkt man an Wasser, die Meerjungfrau und vieles mehr, aber gewiss nicht an Speiseeis. Sollten Sie aber, denn bei **Siciliansk Is** bekommen Sie das beste sizilianische Eis Nordeuropas – hergestellt aus Zutaten direkt von der Mittelmeerinsel. Die Filiale in Christianshavn hat nur im Sommer geöffnet, aber zum Glück gibt es noch eine Zweigstelle in Vesterbro (Skydebanegade 3), die auch mit anderen italienischen Leckereien aufwartet.

christianshavns kanal 2, www.sicilianskis.dk, telefon: 88132368, geöffnet: täglich apr.-mai & sept. 13.00-18.00, juni-aug. 12.00-21.00, preis: ab 25 kr, u-bahn: christianshavn

(33) Wie man leckere Pizzen herstellt, weiß das Personal im **Il Pane di Mauro** ganz genau. Decken Sie sich für ein Picknick an der Islands Brygge mit Pizza, Panini oder Antipasti ein. Übrigens: Die Zutaten sind allesamt biologisch, die Gerichte nach traditionellen Rezepten zubereitet.

islands brygge 23, www.ilpanedimauro.dk, telefon: 32968687, geöffnet: mo-fr 10.00-20.00, sa 10.00-19.00, preis: 24 kr, u-bahn: islands brygge

(34) Ein paar Schritte von der Islands Brygge entfernt befindet sich das **Adendum**, ein stimmungsvolles Restaurant mit einer großen Terrasse, das an warmen Tagen immer voll ist. Im Winter ist es drinnen kuschelig warm, romantisch beleuchtet und mit gut gelaunten Gästen besetzt. Kein Wunder, denn die Kopenhagener schätzen die Gemütlichkeit dieses Lokals, aber natürlich auch das Essen, das französisch angehaucht ist, und die guten Weine.

snorresgade 1, www.adendum.dk, telefon: 31100919, geöffnet: di-do 16.00-0.00, fr-sa 16.00-1.00, preis: 165 kr, u-bahn: islands brygge

Shoppen

(19) Für den einen ist es pures Chaos, für den anderen ein Mekka. Tatsache ist, dass es bei **Pang** sehr viel von allem gibt: Kleidung, Schuhe, Lampen, Dosen, Teppiche, Regenjacken, Notizblöcke und vieles mehr. Die kunterbunte Mischung macht auf jeden Fall Spaß und verspricht unbegrenztes Einkaufsvergnügen.
sankt annæ gade 31, www.pangchristianshavn.dk, telefon: 32966800, geöffnet: mo-fr 10.30-18.00, sa 10.30-15.00, u-bahn: christianshavn

(30) **Inblik** setzt darauf, dass kein Kunde den Laden verlässt, ohne etwas gekauft zu haben. In diesem Geschäft, das in einem Gebäude aus dem 17. Jahrhundert untergebracht ist, fällt es wirklich schwer, all dem Krimskrams und den Geschenkartikeln zu widerstehen. Wie wäre es mit einem Kerzenständer für den Kamin, einer Schale für die Oma oder neuen Stiefeln?
torvegade 38, www.inblik.com, telefon: 32576561, geöffnet: mo-do 11.00-17.30, fr 11.00-18.00, sa 11.00-14.00, u-bahn: christianshavn

(32) Wer gern seine eigenen Halsketten, Armbänder oder andere Schmuckstücke herstellt, sollte bei **Smyks** vorbeischauen. Denn in diesem Laden finden Sie eine Riesenauswahl an Perlen und anderen Materialien, um Ihre Kreativität auszuleben. Eine Werkbank mit Werkzeug steht ebenfalls bereit.
isafjordsgade 3, www.smyks.dk, telefon: 88385908, geöffnet: mo-fr 10.00-17.30, sa 10.00-14.00, u-bahn: islands brygge

100% there

③ Im Sommer findet am **Thorvaldsens Plads** an Freitagen und Samstagen ein kleiner **Antikmarkt** statt. Wer auf der Suche nach ausgefallenen Utensilien, Gemälden, Geschirr oder einem originellen Mitbringsel ist, wird bestimmt fündig. Der Markt befindet sich zwischen den historischen Häusern von Christiansborg und dem Kanal.

thorvaldsens plads, www.antikmarked.com, telefon: 22484177, geöffnet: apr.-okt. fr-sa 8.00-17.00, bus: 9a, 2a & 40 børsen

⑦ Entdecken Sie Kopenhagen mal ganz anders, zum Beispiel mit einem Kajak. **Kayak Republik**, an der Langebro-Brücke, vermietet Kajaks, mit denen Sie auf eigene Faust auf den Kanälen und Grachten der Stadt herumpaddeln können. Außerdem gibt es hier eine Sauna und im Sommer sowohl draußen am Wasser als auch drinnen im Café Grillgerichte inklusive Livemusik. Auch im Winter werden Livemusik oder andere Veranstaltungen geboten.

børskaj 12, www.mykayak.dk, telefon: 30498620, geöffnet: kajakmiete apr.-mitte okt. täglich 10.00-sonnenuntergang, sauna sa-so 11.00-17.00, preis: zweierkajak 1 std. 250 kr, bus 2a, 9a und 40 børsen

⑨ Zwischen der ehemaligen königlichen Bibliothek und Christiansborg versteckt sich eine ruhige, grüne Oase: der **Bibliotheksgarten**. Kaum zu glauben: Der Garten wurde 1920 an einer Stelle angelegt, an der sich früher ein Hafen mit Kriegsschiffen befand. Heute ist es ein sehr friedlicher Ort.

eingang am rigsdagsgården, telefon: 33926300, geöffnet: täglich 6.00-22.00, eintritt: frei, bus: 66 det kongelige bibliotek

㉙ Slotsholmen und Christianshavn lassen sich gut vom Wasser aus erkunden. Beide Stadtteile sind daher Teil der Rundfahrten, die ab Nyhavn angeboten werden. Wer lieber auf eigene Faust in See stechen möchte, der kann im **Christianshavns Bådudlejning og Café** ein Ruderboot mieten. Hier können Sie auch erst brunchen oder einen gefüllten Picknickkorb mitnehmen, bevor Sie starten. Unbedingt einen Tag vorher reservieren. Im Winter ist ein Besuch der Winterhütte, wo Sie sich an einem heißen *glög* wärmen können, ein Muss.

overgaden neden vandet 29, www.baadudlejningen.dk, telefon: 32965353, geöffnet: täglich 9.00-21.30, winterhütte 11.00-22.00, gebühr: ruderboot 100 kr/ stunde, ruderboot inkl. zweierpicknick 320 kr, u-bahn: christianshavn

CHRISTIANSHAVNS BÅDUDLEJNING OG CAFÉ ㉙

㉛ Machen Sie es wie die Kopenhagener und starten Sie zum **Picknick an der Islands Brygge**. Zuvor noch einen Abstecher zum Il Pane di Mauro (siehe Nr. 33), um eine Pizza zu holen. Im Sommer ist das Ufer voll mit Menschen. Schwimmen kann man im Hafenbad, einem vom Fluss abgetrennten Freibad. *islands brygge, kulturogfritid.kk.dk/havnebadet-islands-brygge, telefon: 30890469, geöffnet: havnebadet 15. juni-31. aug., u-bahn: islands brygge*

㉟ Südlich von Christianshavn liegt das Viertel Amager mit dem **Amager Strandpark**, einem künstlich angelegten Strand. Es gibt auch einen Kanuverleih und eine Tauchschule, und im Sommer sind Kioske und Bars geöffnet. Zudem finden in den Sommermonaten viele Festivals statt. Im Festivalkalender und im Internet gibt es ausführliche Informationen. *amager strandvej, www.amager-strand.dk, u-bahn: amager strand oder femøren*

Slotsholmen & Christianshavn

S P A Z I E R G A N G   3 (ca. 15,5 km)

Zur Stärkung im Nationalmuseum ① mit einem Brunch ② beginnen. Zweimal links abbiegen, dann rechts gehen, um über den Antikmarkt ③ zu schlendern. Die Skulpturen ④ und das Schloss Christiansborg ⑤ besichtigen. Rechts vorbei am Turm von Børsen ⑥ zum Wasser spazieren, um ein Kajak zu mieten ⑦. Zurückgehen, links durch das Tor gehen und die alten Waffen bewundern ⑧. Im idyllischen Bibliotheksgarten ⑨ ausruhen, bevor Sie das Museum ⑩ und die Bibliothek ⑪ besuchen. Danach mit dem Wasserbus nach Holmen ⑫ fahren. Dort stehen Sie direkt vor dem imposanten Opernhaus ⑬. Am Eingang vorbei Richtung Holzbrücke gehen. Bei der Danneskiold-Samsøes Allé links in Richtung Militärgelände ⑭ und Strandclub ⑮ abbiegen. Oder direkt hinter der Brücke rechts an der Architektenschule vorbei und dann links in die Philip de Langes Allé einbiegen. Zum Wasser gehen und den Spaziergang rechts an der ehemaligen Kanonenfabrik vorbei fortsetzen. Am Ende erst rechts, dann links und dann wieder rechts abbiegen, um Holmen links über die Brücke zu verlassen. Rechts in die Prinsessegade einbiegen, um am Wasser entlang nach Christiania ⑯ zu spazieren. Über den Festungswall zum Wasser gehen, die Brücke überqueren und die von den Bewohnern selbst gebauten Häuser bewundern. Zurückgehen und dem Wall zur gemütlichen Terrasse folgen ⑰. Sie können hier oder auch ein paar Schritte weiter etwas trinken ⑱. Christiania über den westlichen Ausgang verlassen und die Straße geradeaus in Richtung Pang ⑲ überqueren. Dann rechts gehen, um den Kirchturm ⑳ zu besteigen. Oder lassen Sie sich hier am Wasser ㉑ oder ein paar Meter weiter hinter der Brücke ㉒ ㉓ auf einer Terrasse nieder. Rechts das Tor durchqueren, am Wasser entlanggehen und Architektur bewundern ㉔. Über die Strandgade erreichen Sie ein Spitzenrestaurant ㉕. Am anderen Ufer zurückgehen, einen Tisch reservieren ㉖ und nach der Brücke ein Eis ㉗ essen. Am Wasser entlangschlendern ㉘, unterwegs ein Ruderboot mieten ㉙ oder etwas einkaufen ㉚. Die Brücke links überqueren und rechts dem Weg auf dem Wall Richtung Langebro-Brücke folgen. Diese unterqueren, um zur Islands Brygge ㉛ zu gelangen, wo man baden, picknicken, shoppen ㉜ und gut speisen ㉝ ㉞ kann. Oder fahren Sie mit der U-Bahn zum Strand ㉟.

Østerbro & Nørrebro

Ruhe, Natur und multikulti

Die beiden Viertel Østerbro und Nørrebro sind vollkommen unterschiedlich. Østerbro ist schick mit prächtigen Gebäuden und schönen Geschäften in der Østerbrogade. Nørrebro dagegen ist multikulturell mit günstigeren Restaurants und kleinen Läden.

Østerbro präsentiert sich als ruhiges Wohnviertel mit monumentalen Prachtbauten aus dem frühen 20. Jahrhundert, in denen sich zahlreiche Botschaften niedergelassen haben. Hier findet man kleine Boutiquen und gute, gemütliche Restaurants. Den Süden von Østerbro durchzieht ein eifrig von Joggern und Spaziergängern genutzter Spazierweg, der entlang der fünf künstlichen Seen Kopenhagens führt und Østerbro mit Nørrebro verbindet. Eine der schönsten Einkehrmöglichkeiten am Wasser liegt ganz in der Nähe der beeindruckenden Dronning-Louise-Brücke: Kaffesalonen, ein Café mit einer tollen Terrasse am Wasser.

4

Das multikulturelle Viertel Nørrebro, das nordöstlich der Innenstadt liegt, ist voller Kneipen und kleiner Läden. Und immer mehr hübsche Cafés und Restaurants kommen hinzu. Hier ist der Hotspot von Kopenhagen. Viele junge Menschen wohnen in diesem dicht bebauten Stadtteil, in dem einige der Wohnungen sogar in den Hinterhöfen anderer Gebäude liegen und sich Geschäfte in Innenhöfen und Kellergeschossen angesiedelt haben. In der Einkaufsstraße Ravnsborggade und ringsherum gibt es ein großes Angebot an Mode- und Antiquitätenläden. Die Jægersborggade und Blågårdsgade sind bekannt für ihre zahlreichen Terrassen.

Nørrebro ist einer der wenigen multikulturellen Stadtteile Kopenhagens. Und das macht diese Gegend so interessant und abwechslungsreich. Auf den Straßen sieht man Frauen mit Kopftuch oder Burka, aber auch schick gekleidete Leute sowie Studenten. Eine besondere Sehenswürdigkeit ist der historische Friedhof Assistens Kirkegård, auf dem berühmte Dänen ihre letzte Ruhestätte gefunden haben. Geschmackssache: Die Kopenhagener treffen sich hier gern zum Picknick.

6 Insider-Tipps

Sortedams Sø

Die tolle Aussicht genießen.

Bust

Auf einer Terrasse in der Blågårdsgade zur Ruhe kommen.

Fünf

Die Boutiquen in der Elmegade abgrasen.

Assistens Kirkegård

Zwischen den Gräbern berühmter Dänen picknicken.

Pop – et spiseri

Die Essensplanung vertrauensvoll anderen überlassen.

Normann Copenhagen

In einem ehemaligen Kino einkaufen.

 Sehenswürdigkeiten

Shoppen

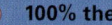 **Essen & Trinken**

100% there

Sehenswürdigkeiten

(22) **Superkilen** mitten in Nørrebro ist ein nach Plänen des renommierten Architekturbüros BIG neu angelegter öffentlicher Park mit drei völlig unterschiedlichen Bereichen: dem "roten Platz", einem modernen, urbanen Gebiet mit Cafés, Musikbühnen und Sportanlagen, dem "schwarzen Markt", einem klassisch anmutenden Platz mit Springbrunnen und Bänken, und schließlich dem "grünen Park", der zum Picknicken, Sporteln und Spazierengehen einlädt. Das Motto hinter Superkilen war kulturelle Vielfalt, was in den vielen Gegenständen und Kunstwerken zum Ausdruck kommt. Beste Beispiele: ein marokkanischer Springbrunnen und eine japanische Skulptur.
mimersgadekvarteret, www.superkilen.dk, bus: 5a nørrebrohallen

(26) **Assistens Kirkegård** ist ein alter Friedhof, auf dem viele berühmte Dänen wie zum Beispiel der Märchenautor Hans Christian Andersen, der Philosoph Søren Kierkegaard und der Physiker Niels Bohr ihre letzte Ruhe gefunden haben. Viele Kopenhagener schätzen den Assistens Kirkegård aber auch als ruhiges Fleckchen für ein gemütliches Picknick. Vielleicht nicht jedermanns Sache, aber auf jeden Fall ein Erlebnis.
eingänge: jægersborggade, hans tavsens park, nørrebrogade, kapelvej, www. assistens.dk, telefon: 35371917, geöffnet: mai-aug. 8.00-20.00, sept.-okt. & märz-apr. 8.00-18.00, nov.-febr. 8.00-16.00, eintritt: frei, bus: 18 jægersborggade, 5a kapelvej

(32) Die bekannteste und wichtigste Brücke Kopenhagens, die **Dronning Louise bro** (Königin-Louise-Brücke), liegt genau in der Mitte der städtischen Seen. Von hier hat man eine herrliche Aussicht auf die verschiedenen Stadtteile. Errichtet wurde die Brücke 1887 nach einem Entwurf des dänischen Architekten Vilhelm Dahlerup. Die Namensgeberin war die nicht besonders beliebte Gemahlin des damaligen Königs Christian IX. In der Vergangenheit fanden auf der Brücke immer wieder mehr oder weniger gewalttätige Proteste und Demonstrationen statt, heute ist sie eine wichtige Verkehrsader für Radfahrer und gerade im Sommer ein beliebter Treffpunkt für Jung und Alt.
dronning louise bro, u-bahn: nørreport, bus: 5a ravnsborggade

Essen & Trinken

(1) Auf der Terrasse des **Pixie** auf dem netten Bopa Plads überkommt einen sofort Urlaubsstimmung. Das gemütliche Café ist täglich von frühmorgens bis spätabends geöffnet und serviert neben Frühstück, Mittag- und Abendessen auch Cocktails. Kurzum: zu jeder Tageszeit der ideale Ort zum Entspannen.
løgstørgade 2, www.cafepixie.dk, telefon: 39300305, geöffnet: mo-do 8.00-0.00, fr 8.00-4.00, sa 10.00-4.00, so 10.00-23.00, preis: brunch 130 kr, s-tog: nordhavn station, bus: 3a hobrogade, 1a gustav adolfsgade

(3) Wer gesundes Essen schätzt, geht zu **Emmerys**. Dieser Bäcker verkauft nur biologische Produkte. Sein Brot enthält weder Hefe noch Sauerteig und ist daher sehr schwer. Eine gute Stärkung für den Stadtspaziergang.
østerbrogade 51, www.emmerys.dk, telefon: 35251210, geöffnet: mo-fr 7.00-18.00, sa-so 7.00-15.00, preis: sandwich 60 kr, bus: 14 & 15 lille triangel

(7) Vom **Søpromenaden** aus können Sie Ihr Auge über das Wasser schweifen lassen. Seine Einrichtung macht das Lokal zu einem behaglichen Café. Sehr beliebt ist der traditionelle *smørrebrød*-Mittagstisch: ein oder zwei Brötchen aus dem großen Sortiment und dazu ein Bier oder ein Schnäpschen.
sortedam dossering 103, www.søpromenaden.dk, telefon: 35426606, geöffnet: täglich 11.00-23.00, preis: mittagstisch 159 kr, hauptspeise 139 kr, bus: 15 & 40 lille triangel

(11) **Dag H** ist vor allem bei jungen Familien aus Østerbro beliebt und eignet sich wunderbar, um gemütlich einen Cappuccino zu trinken. Zwischen 10 und 14 Uhr wird ein umfangreicher Brunch angeboten.
dag hammarskjölds allé 38, www.dagh.dk, telefon: 35276300, geöffnet: mo-mi 8.00-23.00, do-fr 8.00-0.00, sa 10.00-0.00, so 10.00-22.00, preis: brunch 139 kr, drei-gänge-dinner 200 kr, bus: 15 & 40 lille triangel

(12) **Nørrebro Bryghus** ist Brauerei, Restaurant und Pub in einem. Neben dänischen, belgischen, englischen und amerikanischen Biersorten werden auch Zigarren angeboten. Unten liegt der Pub, im Obergeschoss das Restaurant.
ryesgade 3, www.noerrebrobryghus.dk, telefon: 35300530, geöffnet: mo-mi 11.00-0.00, do-sa 11.00-2.00, preis: fünf-gänge-menü mit dazu passenden bieren 500/600 kr, bus: 5a ravnsborggade

⑮ PUSSY GALORE'S FLYING CIRCUS

⑮ Eines der angesagtesten Cafés im Stadtteil Nørrebro ist der **Pussy Galore's Flying Circus**. Seltsamer Name? Er stammt aus dem James-Bond-Film *Goldfinger* und ist der Titel eines Soundtracks. James Bond hin oder her – dies ist auf jeden Fall eine sehr gute Adresse, um zu Mittag zu essen oder eine Tasse Kaffee zu trinken. Und abends werden leckere Cocktails serviert. Das Café liegt am gemütlichen Sankt Hans Torv, an dem sich auch andere nette Cafés angesiedelt haben.

sankt hans torv 30, www.pussygalore.dk, telefon: 35376800, geöffnet: mo-mi 8.00-23.00, do 8.00-0.00, fr 8.00-2.00, sa 9.00-2.00, so 9.00-23.00, preis: brunch 119 kr, bus: 3a sankt hans torv

(16) Das **Cafe Plenum** steht bei Studenten hoch im Kurs. Kein Wunder, denn hier ist nicht nur immer etwas los, sondern auch die Preise sind vernünftig. Das Café ist stilvoll eingerichtet und die Küche ist ganztägig geöffnet.
sankt hans torv 3, www.cafeplenum.dk, telefon: 35370299, geöffnet: mo-mi 9.00-0.00, do 9.00-1.00, fr 9.00-2.00, sa 11.00-2.00, so 11.00-22.00, preis: sandwich 60 kr, cocktail 70 kr, bus: 3a sankt hans torv

(17) In das **The Laundromat Cafe** geht man auf einen Drink – oder um seine Wäsche zu waschen. Es ist nämlich nicht nur ein Café, in dem junge Kopenhagener gern etwas essen oder trinken, sondern gleichzeitig ein Waschsalon. Das Café ist mit roten Sofas und Designerlampen modern eingerichtet.
elmegade 15, www.thelaundromatcafe.com, telefon: 35352672, geöffnet: mo-fr 8.00-0.00, sa-so 10.00-0.00, preis: frühstücksmenü 88 kr, brunch 139 kr, bus: 3a & 5a elmegade

(21) Bei **Oysters & Grill** gibt es eine große Auswahl an Meeresfrüchten, die gegrillt, frittiert oder *à la plancha* zubereitet werden. Fleischliebhaber kommen auch auf ihre Kosten, aber Fisch und Meeresfrüchte sind die Spezialität.
sjællandsgade 1b, www.cofoco.dk/da/restauranter/oysters-and-grill, telefon: 70205171, geöffnet: täglich 17.30-0.00, preis: auswahl des chefs 135 kr, bus: 5a sjællandsgade

(25) Während hungrige Kopenhagener gern zum Frühstücken oder Mittag- bzw. Abendessen hierherkommen, schätzen andere das **Lyst** als Ort, um mit Freunden ein Bierchen zu trinken – bei schönem Wetter auch draußen. Der Brunch am Wochenende besteht unter anderem aus drei köstlichen Pancakes und Joghurt mit Müsli. Klar, dass es im Lyst, das sich an der gleichermaßen beliebten wie belebten Jægersborgade befindet, immer voll ist.
jægersborggade 56, telefon: 82300339, geöffnet: mo-fr 8.00-23.00, sa 10.00-23.00, so 10.00-16.00, preis: brunch 139 kr, bus: 18 jægersborggade

(27) **POP – et spiseri** hat ein einfaches, aber cleveres Konzept: Wer reserviert, legt den Abend in die Hände der Lokalbetreiber. Es gibt nur ein Menü mit italienischen Gerichten und dazu passendem Wein. Trotzdem – oder vielleicht gerade deshalb – ist das Lokal sehr beliebt, also: frühzeitig reservieren.
griffenfeldsgade 28, www.pop-etspiseri.dk, telefon: 42360222, geöffnet: mi-fr 17.30-0.00, preis: komplettes menü inkl. wein und aperitif 600 kr, bus: 5a

(28) Einheimische statten dem ungewöhnlichen, aber behaglichen Café **Tjili Pop** gern einen Besuch ab, um zu frühstücken, zu Mittag zu essen, Kaffee zu trinken oder einen Aperitiv zu genießen. Die Einrichtung ist eine bunte Mischung aus alten Möbelstücken, und genau das macht das Lokal so besonders. Es besteht aus einem großen Raum mit Tischen in der Mitte sowie einigen davon abgehenden kleineren Räumen, die mit originellen Bänken und Stühlen ausgestattet sind. An Mittwoch- und Samstagabenden kann man der Livemusik unbekannter Talente lauschen.

rantzausgade 28, www.tjili.dk, telefon: 35359020, geöffnet: so-di 10.00-0.00, mi 10.00-1.00, fr-sa 10.00-3.00, preis: latte 28 kr, u-bahn: forum

(29) Das **Cafe N** ist ein stimmungsvolles vegetarisches Lokal in der schönen Blågårdsgade, in dem die Kopenhagener fast ganzjährig draußen auf der Terrasse sitzen. Nicht nur, was auf den Teller kommt, ist biologisch, ebenso das Bier, die Säfte und die Burger.

blågårdsgade 17, www.cafe-n-2200.dk, telefon: 32156852, geöffnet: mo-sa 8.00-22.00, so 9.00-21.00, preis: burger 45 kr, bier 25 kr, bus: 5a ravnsborggade

(31) Dass **Bust** eher wie eine Kantine wirkt, macht das Lokal nicht weniger beliebt. Die Gerichte, die hier aus frischen, saisonalen Zutaten nach Großmutters Art zubereitet werden, sind lecker und gesund. Die Speisekarte wechselt ständig. Man kann das Essen drinnen wie draußen an großen Gemeinschaftstischen genießen oder auch mitnehmen, zum Beispiel für ein Picknick am Wasser.

blågårdsgade 3, telefon: 32127270, geöffnet: täglich 11.00-22.00, preis: mittagessen 59 kr, bus: 5a ravnsborggade

(33) **Kaffesalonen** ist im Winter ein eher schlichtes Café. Im Sommer sieht das schon ganz anders aus, denn dann ist die großartige Holzterrasse auf dem Wasser geöffnet, auf der man in bequemen Schalensesseln herrlich relaxen kann. Abends werden einfache Gerichte vom Grill serviert.

peblinge dossering 6, www.kaffesalonen.com, telefon: 35351219, geöffnet: mo-fr 8.00-0.00, sa-so 10.00-0.00, preis: brunch 125 kr, hauptspeise 115 kr, bus: 5a ravnsborggade

Shoppen

(2) In der alten Badeanstalt des historischen Viertels Brumleby gibt es bei **Rambow** wunderschöne Dinge für Haus, Garten und Küche. Das Angebot umfasst Klassiker von Lloyd Loom sowie Bistrostühle aus Metall, aber auch ganz moderne Designerstücke.
østerbrogade 55a, www.rambow.dk, telefon: 35263007, geöffnet: mo-fr 13.00-17.30, sa 10.00-15.00, bus: 14 gustav adolfsgade

(5) Auf der Suche nach Schmuck oder Accessoires? Dann ist **Pico** eine gute Adresse. Ob ausgefallen oder eher elegant, hier finden Sie bestimmt etwas nach Ihrem Geschmack, zum Beispiel hippe Haaraccessoires, Handtaschen, Ringe und Halsketten.
østerbrogade 98, www.p-i-c-o.dk, telefon: 35558769, geöffnet: mo-do 11.00-17.30, fr 11.00-18.00, sa 10.00-15.00, bus: 1a & 14 gustav adolfsgade

(6) **Normann Copenhagen** ist in einem alten Kino aus den 1950er-Jahren untergebracht. Schon das Gebäude ist sehenswert. Da man hier die Crème de la Crème des dänischen Designs findet, muss man mal vorbeischauen.
østerbrogade 70, www.normann-copenhagen.dk, telefon: 35270540, geöffnet: mo-fr 10.00-18.00, sa 10.00-16.00, bus: 14 & 15 triangel

(9) **Hviid** ist ein winziger Laden mit einer auffälligen Wandbemalung. Die Eigentümerin hat aus verschiedenen dänischen Marken eine farbenfrohe Kleiderkollektion zusammengestellt. Werfen Sie unbedingt einen Blick auf die Schuhe der dänischen Marke Up a tree.
østerbrogade 58, telefon: 35380102, geöffnet: mo-fr 10.00-18.00, sa 10.00-14.00, bus: 15 & 40 lille triangel

(10) "Choose a positive thought" steht im Fenster des **Moshi Moshi Mind**. Dieser Satz verrät bereits, wofür das Geschäft steht: Wellness und Wohlfühlen. Hier werden die unterschiedlichsten Dinge angeboten – von Schönheitsprodukten über wohltuende Tees bis hin zu Kleidung und Yogaartikeln. Moshi Moshi Mind gehört zum Label Moshi Moshi, das in einer nahe gelegenen Filiale auch Schuhe verkauft sowie in Hausnummer 34 Markenkleidung von Filippa K und Månestråle.

dag hammarskjölds allé 40, www.moshimoshi.dk, telefon: 35387078, geöffnet: mo-fr 11.00-18.00, sa 11.00-15.00, bus: 15 & 40 lille triangel

(13) In den zahlreichen **Antiquitätenläden der Ravnsborggade** gibt es unglaublich viel zu entdecken. Die kleinen Läden sind oftmals bis obenhin vollgestopft, und man muss sich durch ein wildes Durcheinander kämpfen. Hier wird einfach alles verkauft: ausgestopfte Tiere, Möbel, Silberwaren. Diese Straße verlässt wohl niemand, ohne etwas gekauft zu haben. Wäre ja auch schade ...

ravnsborggade, www.ravnsborggade.dk, telefon: 35378889, geöffnet: di-fr 10.00-17.00, sa 11.00-14.00, bus: 5a ravnsborggade

(14) **Bungalow** ist ein Geschäft voller außergewöhnlicher Schachteln. Darüber hinaus gibt es ein großes Angebot an Decken und Kissen, aber auch die typisch skandinavischen Papierlampen. Sicherlich ist noch ein Plätzchen in Ihrem Koffer frei.

ravnsborggade 17, www.bungalow.dk, telefon: 35854065, geöffnet: di-fr 11.00-17.30, sa 11.00-14.00, bus: 5a ravnsborggade

(18) In der beliebten Einkaufsstraße Elmegade finden Sie **Fünf**, einen Laden zweier Modeschöpferinnen, die im hinteren Bereich ihre eigenen Modelle kreieren. Ihr Sortiment für Frauen und Männer gleichermaßen besteht aus Kleidung und Accessoires der dänischen Marken FROKS, Tolsing, Sophia Lee og Em Fau.

elmegade 2, www.funf.dk, telefon: 35371380, geöffnet: mo-fr 11.00-18.00, sa 11.00-16.00, bus: 3a & 5a elmegade

NORMANN COPENHAGEN ⑥

(20) Hängelampen aus den 1920er- und 1930er-Jahren mit bunten Glasschirmen sind nur eine der Spezialitäten von **Hot Kotyr**. In dem vollgepackten Laden finden Sie aber auch alte Zahnarztschränke, Verkehrsschilder, Telefone und vieles mehr aus dem letzten Jahrhundert. Ein witziges Geschäft, das immer einen Besuch wert ist!

nørrebrogade 76, www.hotkotyr.dk, telefon: 35390274, geöffnet: mo-fr 11.00-18.00, sa 10.00-14.00, bus: 5a kapelvej

㉓ In **Karamelleriet** kann man feinsten Karamell erstehen und beobachten, wie er mit viel Liebe aus besten Zutaten hergestellt wird. Unbedingt probieren: *peanut crunch*, *soft fudge*, harter Karamell (*rocks*), *fruit candies* und natürlich Karamellbonbons.

jægersborggade 36, www.karamelleriet.com, telefon: 70237777, geöffnet: di-fr 10.00-17.30, sa 11.00-15.00, bus: 18 jægersborggade

㉔ **CMYK kld** befindet sich in einem Keller an der Jægersborggade und strotzt nur so vor Kreativität. Der ganze Laden ist gut gefüllt mit Plakaten, Unikaten, selbst verlegten Büchern und von jungen Grafikern erstellten Zeitschriften.

jægersborggade 51, kld, www.butikcmyk.dk/butik, telefon: 21629563, geöffnet: mo-fr 12.00-17.30, sa 11.00-15.00, erster so im monat 11.00-15.00, bus: 18 jægersborggade

㉚ Bei **Mayol** gibt es schöne Dinge für zu Hause wie Services, Kerzenständer und eine Vielzahl netter Dekoartikel. Mayol befindet sich in einem ehemaligen Tabakladen – mit schöner Deckenbemalung.

blågårdsgade 5, www.mayol.dk, telefon: 26360139, geöffnet: mo-do 12.00-18.00, fr 12.00-19.00, sa 10.00-16.00, bus: 5a ravnsborggade

100% there

(4) Das historische Viertel **Brumleby** wurde nach einer Choleraepidemie erbaut, die im 19. Jahrhundert in Kopenhagen wütete. Ziel war es, gesunden und günstigen Wohnraum für die Arbeiterklasse zu schaffen. Brumleby mit seinen gelben Häuschen verströmt auch heute noch einen Hauch der damaligen Arbeiteratmosphäre.

eingang neben dem laden rambow, østerbrogade, bus: 1a & 14 gustav adolfsgade

(8) Auf den Bänken am Seeufer kann man die Sonne und die Aussicht auf den **Sortedams Sø** genießen. Ideal, um eine Pause einzulegen und Leute zu beobachten.

østerbrogade, bus: 15 & 40 lille triangel

(19) **Empire Bio** wurde bereits mehrmals zum besten Kino der Stadt gekrönt. Und nicht ohne Grund, denn in den gemütlichen Sesseln mit Armlehne und großer Beinfreiheit kann man sehr relaxt Filme anschauen. Im Anschluss an den Film geht es dann ins angesagte Kinocafé mit der schönen Dachterrasse. Filmreif! Übrigens: Das Gebäude kann auf eine lange Geschichte zurückblicken, denn um 1900 beherbergte es eine Lokomotivfabrik. Später wurde es zu einem Filmstudio umfunktioniert. Gut zu wissen: In Dänemark werden Filme in Originalsprache mit dänischen Untertiteln gezeigt.

guldbergsgade 29f, www.empirebio.dk, telefon: 35360036, geöffnet: täglich 12.00-22.30, preis: 70-105 kr, bus: 5a kapelvej

Østerbro & Nørrebro

S P A Z I E R G A N G   4 (ca. 11,5 km)

Der Spaziergang startet in Østerbro auf dem stimmungsvollen Bopa Plads (1).
Über den Nøjsomhedsvej Richtung Østerbrogade (links) gehen, um schöne
Dinge zu kaufen (2). Danach bei Emmerys (3) ein Sandwich holen und durch das
besondere Brumleby (4) bummeln. Dann tollen Schmuck erstehen (5) und
Richtung Nordre Frihavnsgade gehen. Von dort erst rechts und dann links in die
Østerbrogade gehen, wo es nette Läden gibt (6). In einem der Cafés am Wasser
etwas essen (7) und die Aussicht genießen (8). Für Kleidung und Schönheits-
produkte sind Sie hier auch richtig (9) (10) und brunchen können Sie ebenfalls (11).
Am Wasser entlang Richtung Fredensbro spazieren. Über die Brücke nach
Nørrebro gehen und links abbiegen. Auf halber Strecke in die Schleppegrells-
gade abbiegen, um im Nørrebro Bryghus (12) ein Bier zu trinken oder etwas
weiter in dieser Straße zu shoppen (13) (14). Am Ende erst rechts und dann sofort
wieder rechts abbiegen, um zu den gemütlichen Terrassen (15) (16) auf dem Sankt
Hans Torv zu gelangen. Danach in der Elmegade Urlaubswäsche waschen und
währenddessen etwas essen (17) oder in den zahlreichen Boutiquen vorbeischauen (18). Rechts in die Nørrebrogade einbiegen, die zweite Straße rechts
nehmen und links abbiegen, um Kinokarten zu kaufen (19). Umdrehen und der
Nørrebrogade (20) (21) folgen. Architekturfans gehen ein Stück geradeaus Richtung
Superkilen (22). Ansonsten links in den Jagtvej spazieren und von dort rechts in
die beliebte Jægersborggade abbiegen, wo Kunst und Essen warten (23) (24) (25).
Zum Jagtvej zurückkehren, erst rechts und dann links in die Hans Tavsens Gade
einbiegen. Zu Ihrer Linken den Eingang zum Friedhof (26) nehmen, um das Grab
von H. C. Andersen zu besuchen. Den Friedhof über den Ausgang auf der
anderen Seite (am Kapelvej) verlassen. Rechts gehen und die zweite Straße
links nehmen, um ein köstliches Abendessen zu genießen (27). Einen kleinen
Abstecher in eine gemütliche Bar (28) machen oder über die Korsgade Richtung
Blågårdsgade spazieren. Nach dem Platz können Sie vegetarisch essen (29),
shoppen (30), sich unter die Kopenhagener mischen (31) oder sich, mit oder ohne
Essen, rechts am Wasser oder auf der Brücke niederlassen (32). Den Spaziergang
auf einer schwimmenden Terrasse (33) abschließen.

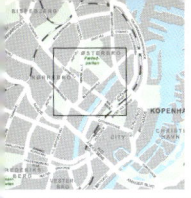

Frederiksberg & Vesterbro

Herrschaftlich, kreativ und beliebt

Obwohl Frederiksberg in der Nähe der Innenstadt liegt, gehört es offiziell nicht zu Kopenhagen. Es hat nämlich eigene Stadtrechte, einen eigenen Bürgermeister und ein eigenes Rathaus. Nach Einwohnern ist es sogar die fünftgrößte Stadt Dänemarks. Da aber Kopenhagen Frederiksberg komplett umschließt, wirkt es eher wie ein Stadtteil Kopenhagens und nicht wie eine separate Stadt.

Die Atmosphäre in Frederiksberg ist beinahe dörflich, daher wohnen hier auch viele Familien mit Kindern. Es gibt dort aber auch große frei stehende und herrschaftliche Villen, die der Gegend einen besonderen Glanz verleihen. In und unweit der Frederiksberg-Allee sind viele Theater, Cafés und schöne Restaurants angesiedelt. Geschäfte und Boutiquen gibt es vor allem in dem langen Gammel Kongevej. Frederiksberg Have ist ein Park im Herzen von Frederiksberg.

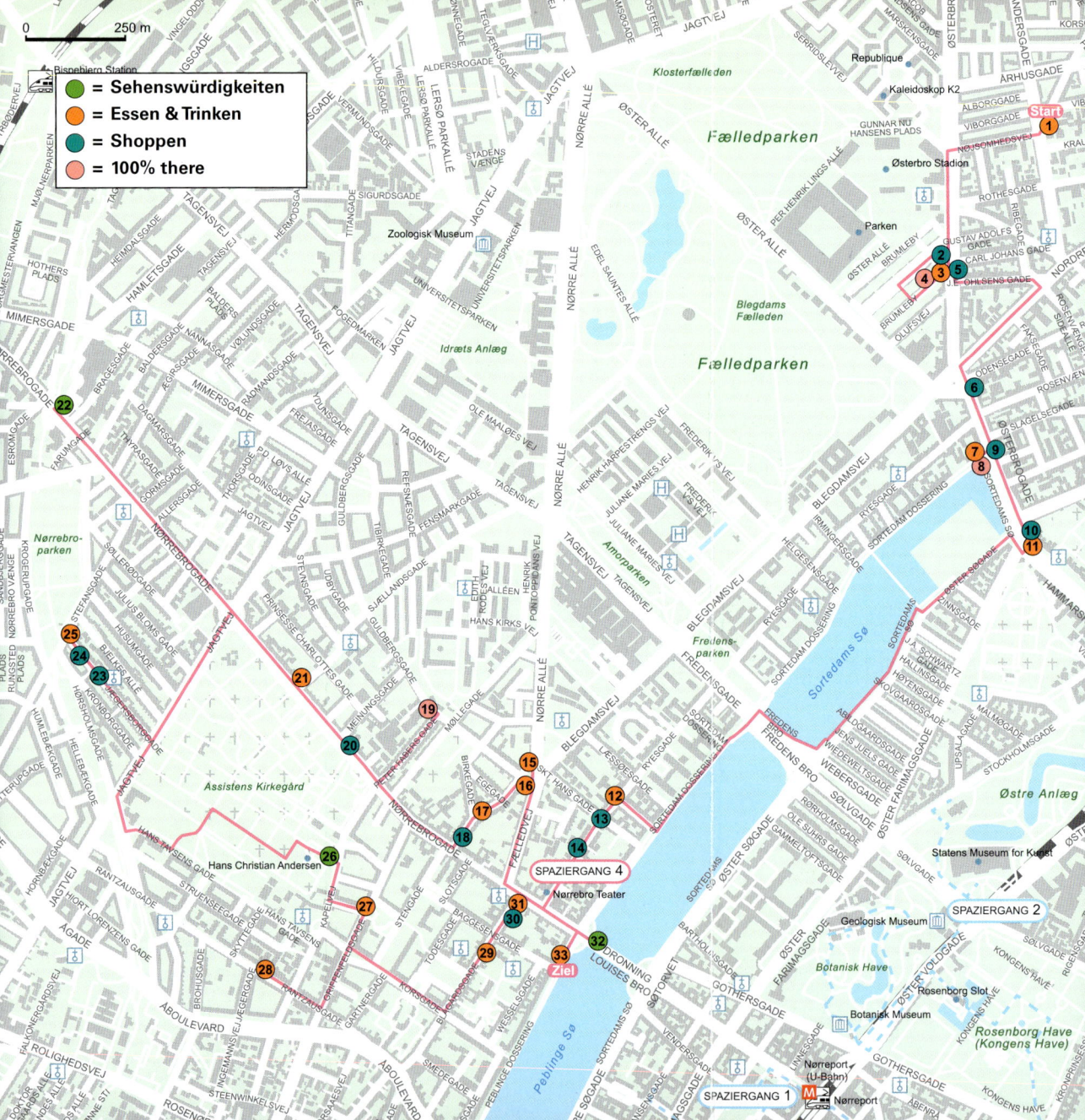

SPAZIERGANG 1

SPAZIERGANG 2

SPAZIERGANG 4

Legende:

= Sehenswürdigkeiten

= Essen & Trinken

= Shoppen

= 100% there

5

Einen Kontrast zum grünen, mondänen Frederiksberg bildet das ehemalige Arbeiterviertel Vesterbro. Früher war Vesterbro vor allem für seine Prostituierten bekannt. Wenngleich hinter dem Bahnhof noch immer Sexshops um Kunden werben, hat sich Vesterbro gründlich gewandelt. Heute ist die Gegend eines der beliebtesten Wohnviertel der Stadt. Sie wurde in den letzten Jahren ausgiebig renoviert und zieht viele junge Kreative an: Einige vielversprechende Designer haben hier ihre Shops und viele Künstler ihre Ateliers. Auch viele gemütliche Kneipen und Restaurants sowie der bekannteste Nachtklub Kopenhagens – Vega – befinden sich hier. Dass die Renovierung dieses Viertels ein voller Erfolg war, zeigt sich am eindrucksvollsten am Halmtorvet: Auf diesem Platz, auf dem früher Drogenabhängige herumhingen, gibt es heute schöne Cafés und Bars.

Ebenfalls stark verändert hat sich das Schlachterviertel Kødbyen. Früher gab es hier, wie der Name bereits verrät, viele Metzgereien. Ein kleiner Teil davon ist noch übrig geblieben, doch heute ist Kødbyen eher bekannt als beliebtes Ausgehviertel.

6 Insider-Tipps

Mother

Im beliebten Kødbyen bei einem italienischen Brunch schlemmen.

Audio Walk Vesterbro

Den Erinnerungen dänischer Autoren aus dem Viertel lauschen.

Cofoco

In einem preisgekrönten Interieur skandinavisch essen.

Rude

In einem Laden in der Istegade herumstöbern.

Cisternerne

Glaskunstwerke und Sandsteinskulpturen bewundern.

Dyrehaven

Zwischen hippen Kopenhagenern Kaffee trinken.

● **Sehenswürdigkeiten**
● **Shoppen**
● **Essen & Trinken**
 100% there

Sehenswürdigkeiten

(5) Auch wenn die **Eliaskirke** mittelalterlich aussieht, so stammt sie doch aus dem Jahr 1908. Entworfen hat sie der dänische Architekt, der auch für das Rådhus von Kopenhagen verantwortlich war. Durch die schwere Tür gelangt man in das Innere der Kirche mit den vielen Gängen und Treppen.
vesterbros torv, vesterbrogade 49, www.eliaskirken.dk, telefon: 33247938, geöffnet: täglich 10.00-14.00 und zu besonderen anlässen (chor- oder musik-konzert, feiertage, gottesdienst), eintritt: frei, bus: 6a & 26 vesterbros torv

(7) Die Modelle und Zeichnungen des **Københavns Bymuseum** berichten von der Entwicklung der Stadt über die Jahrhunderte. Im hinteren Bereich des Museums finden Sie in einem neobarocken Saal eine Filiale von Tante T (siehe Nr. 4) – die ideale Gelegenheit für eine Verschnaufpause. Im Sommer hat eine Terrasse neben dem Saal geöffnet.
vesterbrogade 59, www.copenhagen.dk, telefon: 33210772, geöffnet: täglich 10.00-17.00, eintritt: 20 kr, fr frei, bus: 6a & 26 vesterbros torv

(26) Im **Cisternerne** sind bemalte Glaskunstwerke und Sandsteinskulpturen von dänischen und internationalen Künstlern ausgestellt. Über eine gläserne Pyramide gelangt man in das unterirdische ehemalige Wasserreservoir. Weil kein Tageslicht hereinfällt, herrscht im Museum eine düstere Atmosphäre.
søndermarken, www.cisternerne.dk, telefon: 33219310, geöffnet: febr.-nov. do-fr 14.00-18.00, sa-so 11.00-17.00, eintritt: 50 kr, bus: 6a zoologisk have

(27) Im **Carlsberg Visitors Center** erfährt man alles über die bekannteste Biermarke Dänemarks. Das Besucherzentrum liegt in der Brauerei, in der der alte Jacobsen 1847 sein Unternehmen begann (heute Gamle Carlsberg). Sein Sohn Carl gründete 1882 eine eigene Brauerei: Ny Carlsberg (Neu Carlsberg). Neben Informationen über das Familienunternehmen bekommen Besucher auch einen Einblick in das Bierbrauen. In den Ställen stehen noch immer Jütland-Pferde, die früher die Bierwagen zogen. Im Verkostungsraum können die unterschiedlichen Carlsberg-Biere probiert werden. Tipp: mit mehreren Leuten möglichst viele verschiedene Biere bestellen – so bekommt man einen umfassenden Eindruck. Wer kein Bier mag, trinkt einfach Limo.
gamle carlsberg vej 11, www.visitcarlsberg.dk, telefon: 33271282, geöffnet: di-so 10.00-17.00, eintritt: 65 kr (inkl. 2 verzehrbons), bus: 18 & 26 kammasvej

Essen & Trinken

(1) Das **Café Mandela** hat täglich ab 10 Uhr geöffnet und erwartet seine Gäste mit leckerem Essen und Getränken. Im Sommer ist die große Terrasse im Innenhof hinter dem Lokal geöffnet, dort kann man die Ruhe genießen. Im Mandela finden regelmäßig Kulturveranstaltungen und Themenabende statt: von Lesungen über Live-Auftritte bis hin zu Salsatanz und DJ-Abenden mit Soul und Funk.

onkel dannys plads 9, www.cafemandela.dk, telefon: 33221709, geöffnet: mo-do 10.00-0.00, fr-sa 10.00-2.00, so 10.00-20.00, preis: brunch 145 kr, hauptspeise 149 kr, s-tog: københavns hovedbanegård

(2) Das **Cofoco** hatte sich mit seiner geschmackvollen skandinavischen Einrichtung bereits einen Namen gemacht und gewann 2013 dann noch eine Auszeichnung für das gelungenste Restaurant- und Barkonzept. Die köstlichen Gerichte vereinen in sich das Beste aus der französischen und skandinavischen Küche. Das Besondere: Sie können die Gerichte zu einem festen und vernünftigen Preis beliebig kombinieren.

abel cathrines gade 7, www.cofoco.dk/da/restauranter/restaurant-cofoco, telefon: 33136060, geöffnet: mo-sa 17.30-0.00, preis: vier-gänge-menü 275 kr, bus: 6a & 26 vesterbros torv

(3) Die von zwei Hobby-Bierbrauern gegründete Brauerei **Mikkeller** erlangte in nur wenigen Jahren nationalen wie internationalen Ruhm. Die Produktionsstätten befinden sich in diversen Ländern und stellen ganz besondere Biere her. In der hauseigenen Bar in Vesterbro können Sie um die 20 verschiedene Biere kosten, die Hälfte davon aus eigener Herstellung.

viktoriagade 8, mikkeller.dk, telefon: 33310415, geöffnet: so-mi 14.00-0.00, do-fr 14.00-2.00, sa 12.00-2.00, preis: bier 35 kr, bus: 6a & 26 vesterbros torv

(4) **Tante T** ist ein kleines Teehaus und ein Laden in einem. Der Klassiker von Tante T ist der "High Tea", bei dem sehr viele unterschiedliche Teesorten sowie selbst gebackener Kuchen serviert werden – ein Gedicht.

viktoriagade 6, www.tante-t.dk, telefon: 32103610, geöffnet: mo-fr 10.00-22.00, sa 10.00-21.00, preis: tasse tee 30 kr, bus: 6a & 26 vesterbros torv

⑧ **LêLê nhà hàng** heißen gleich zwei Restaurants an der Vesterbrogade. Wie sonst in Kopenhagen ist es auch hier Usus, erst einen teuren, aber hervorragenden Cocktail zu trinken, bevor man sich zum Essen an den Tisch setzt. Die Küche ist vietnamesisch mit mediterranem Touch. Auch wenn die Hauptgerichte sehr lecker sind, empfiehlt es sich, viele verschiedene Vorspeisen zu nehmen. So kann man all die Köstlichkeiten einmal ausprobieren. Die kleinere Filiale mit der Hausnummer 56 hat nur wenige Tische und bietet überwiegend Essen zum Mitnehmen an.

vesterbrogade 40 und 56, www.lele-nhahang.com, telefon: 33227135, geöffnet: restaurant mo-do 17.00-22.00, fr-sa 17.00-22.30, filiale täglich 11.30-21.30, preis: restaurant 180 kr, filiale 98 kr, bus: 6a vesterbros torv

(10) In diesem winzigen Häuschen, das heute das **Central Hotel & Café** beherbergt, ging zwischen 1905 und dem Zweiten Weltkrieg ein Schuster seinen Geschäften nach, etwas später ein Goldschmied. Seit einigen Jahren befindet sich hier das kleine Café, das noch die Atmosphäre der Zeit um 1900 verströmt. Drinnen und draußen gibt es nur wenige Tische. Der Raum direkt über dem Café ist das einzige Zimmer des Hotels – des kleinsten der Stadt.
tullinsgade 1, www.centralhotelogcafe.dk, telefon: 33210095, geöffnet: mo-fr 8.00-18.00, sa 10.00-17.00, preis: macchiato 25 kr, bus: 9a værnedamsvej

(13) Die Innenausstattung des bekannten Cafés **Granola** ist ganz im Stil der 1930er-Jahre gehalten – mit schönen Details wie Industrielampen aus der Landroverfabrik in England. Warum das Café so beliebt ist? Die Dänen sind echte Leckermäuler, und hier gibt es allerhand Feines wie Eis, Milchshakes, Schokolade und traditionelle Süßigkeiten. Granola ist außerdem bekannt für sein Frühstück mit Haferbrei, das in Dänemark auch gern von Erwachsenen gegessen wird. Vielleicht mal probieren?
værnedamsvej 5, telefon: 33250080, geöffnet: mo-fr 7.00-0.00, sa 9.00-0.00, so 9.00-16.00, preis: frühstück 120 kr, eis ab 15 kr, bus: 9a værnedamsvej

(15) Abends verwandelt sich das Café **Falernum**, in dem Frühstück und Mittagessen serviert werden, in eine Weinbar. Dann kann man Tapas und andere Häppchen verzehren. Wer einen Tisch möchte, sollte besser vorher reservieren.
værnedamsvej 16, www.falernum.dk, telefon: 33223089, geöffnet: so-do 12.00-0.00, fr-sa 12.00-2.00, preis: tapas ab 65 kr, bus: 6a frederiksberg allé

(19) Im **Vinstue 90** wird Bier ohne Kohlensäure gezapft. Da dies lange dauert, muss der Durstige schon mal 15 Minuten auf sein Bier warten. Wer es nicht so lange aushält, der kann ein ganz normales Bier von der Karte bestellen.
gammel kongevej 90, www.vinstue90.dk, telefon: 33318490, geöffnet: so-mi 11.00-1.00, do-sa 11.00-2.00, preis: kohlensäurefreies bier 42 kr, bus: 14 & 15 værnedamsvej

(20) **Meyers Deli** ist Kaffeehaus und Geschäft in einem, eingerichtet mit viel Holz im Kolonialstil. Erst muss man bestellen, dann nimmt man an einem der langen Tische Platz. Im Geschäft werden biologische Produkte verkauft.
gammel kongevej 107, www.meyersdeli.dk, telefon: 33254595, geöffnet: täglich 8.00-22.00, preis: mittagessen 87 kr, bus: 14 & 15 h.c. ørstedsvej

KAFFEBAREN UDEN NAVN ㉙

㉓ Die Terrasse von **Funder** liegt versteckt hinter Rhododendren. Das Lokal grenzt an einen Park und ist ideal zum Teetrinken oder Sandwichessen. *frederiksberg runddel 3a, www.funders.dk, telefon: 38343920, geöffnet: mo-fr 9.00-20.00 (bei schlechtem/kaltem wetter geschlossen), sa-so 11.00-17.00, preis: 59 kr, bus: 26 & 18 frederiksberg runddel*

㉙ Frisch gepresste Säfte, selbst gebackene Kuchen, Zimtröllchen, warme Getränke und erfrischendes Bier: **Kaffebaren Uden Navn** ("ohne Namen") ist außerordentlich beliebt, vor allem bei jungen Kopenhagenern. Ob tagsüber oder abends, die Stimmung ist immer gut. Probieren Sie mal ein Humle øl, das erfrischende und beliebte Bio-Bier, oder das hausgemachte Ingwergetränk. *enghaveplads 6, geöffnet: mo-mi 8.00-23.00, do 8.00-1.00, fr 8.00-2.00, sa 9.00-2.00, so 9.00-22.00, preis: bier 27 kr, s-tog: enghave st*

36

36

36

(30) Das **Cafe Bang & Jensen** ist von frühmorgens bis spätabends voll mit Kopenhagenern. Die Gäste essen ihr Frühstück oder Mittagessen an hohen Bartischen oder schlürfen ihren Kaffee in einem gemütlichen Lehnsessel. Das Cafe Bang & Jensen ist zudem eine angesagte Bar, in der es am Samstagabend tolle Cocktails gibt. Die Wandbemalung über der Theke, die Kräuter pflückende Mädchen zeigt, verrät die ehemalige Funktion des Gebäudes: Es war eine Apotheke.
istedgade 130, www.bangogjensen.dk, telefon: 33255318, geöffnet: mo-fr 7.30-2.00, sa 10.00-2.00, so 10.00-0.00, küche geöffnet bis 22.00, sa 20.00, preis: frühstücksmenü 98 kr, hauptspeise 89 kr, bus: 10 saxogade

(33) **Dyrehaven** bedeutet zwar Tiergarten, aber abgesehen von einem ausgestopften Hirsch gibt es hier keine Tiere. Das Lokal ist ein beliebter, zwangloser Treffpunkt für ein überwiegend junges, modernes Publikum. Ob man einen Kaffee schlürft, einen klassischen dänischen *daghap* verzehrt oder ein Bierchen trinkt, hier an der Ecke zum beliebten Boulevard Søndermarken ist man immer in guter Gesellschaft.
søndermarken boulevard 72, www.dyrehavenkbh.dk, geöffnet: mo-fr 9.00-2.00, sa 10.00-2.00, so 10.00-0.00, preis: tagesgericht 130 kr, bus: 10 & 14 flensborggade, 1a knud lavards gade

(35) Das in einem Keller in Kødbyen untergebrachte **Nose2tail** ist ein Restaurant mit einem ungewöhnlichen Konzept: Von der Nase bis zum Schweif landet einfach alles vom (dänischen) Tier auf dem Tisch. Aber keine Angst, Sie bekommen keine sonderbaren Essen vorgesetzt, auf der Speisekarte stehen sogar einige Traditionsgerichte.
flæsketorvet 13a, www.nose2tail.dk, telefon: 33935045, geöffnet: mo-do 18.00-0.00, fr-sa 18.00-1.00, preis: tagesmenü 180 kr, s-tog, bus: 1a dybbølsbro st

(36) Bei **Mothers** mitten im hippen Viertel Kødbyen kann man köstlich essen. Der Küchenchef ist Italiener und setzt alles daran, seine Gäste mit herrlichen Gerichten aus seiner Heimat zu verwöhnen. Ob Sauerteigpizza, Bruschetta, Nudelgerichte oder Antipasti, alles schmeckt toll. Und am Wochenende kann man auch brunchen.
høkerboderne 9-15, www.mother.dk, telefon: 22275898, geöffnet: mo-sa 11.00-1.00, so 11.00-23.00, brunch sa-so 11.00-15.00, preis: pizza 105 kr, brunch 135 kr, s-tog, bus: 1a dybbølsbro st

Shoppen

(11) **Priip** ist sowohl Geschäft als auch Werkstatt, in der man der Besitzerin und Töpferin bei der Arbeit zusehen kann. Priip verkauft nicht nur handgefertigte Töpferwaren, sondern auch schöne Accessoires für die Innendekoration.
tullinsgade 2, www.priip.dk, telefon: 23702711, geöffnet: di-fr 12.00-17.30, sa 11.00-14.00, bus: 9a værnedamsvej

(12) **Thiemers Magasin** ist mehr als nur ein schöner Buchladen. Laut eigener Aussage ist die Triebfeder für jegliches Handeln die Liebe zum Buch. Angeboten werden lesenswerte englische, deutsche und dänische Bücher und Zeitschriften. Auch die Einbände von Büchern und Zeitschriften spielen laut der Besitzer eine wichtige Rolle bei der Buchwahl. Die Mitarbeiter unterstützen Kunden gern bei ihrer Entscheidung. Ist das gewünschte Buch in Tullinsgade nicht vorrätig, kann man es in der Filiale in der Vesterbrogade versuchen. Manchmal finden im Thiemers Magasin auch thematische Ausstellungen statt.
tullinsgade 24, www.thiemersmagasin.dk, telefon: 50595100, geöffnet: mo-fr 11.00-17.30, sa-so 11.00-15.00, bus: 9a værnedamsvej

(14) Damen und auch Herren sind bei **Samsøe & Samsøe** willkommen, wo die Kollektion der gleichnamigen Modemarke präsentiert wird. Eine gute Adresse für alle, die coole und dennoch elegante Mode lieben.
værnedamsvej 12, www.samsoe.com, telefon: 35285102, geöffnet: mo-do 10.00-18.00, fr 10.00-19.00, sa 10.00-16.00, bus: 9a værnedamsvej

(16) In einem Eckgebäude befindet sich **Madam My**. Hier deckt sich die stilbewusste Kopenhagenerin mit angesagter Mode von mehr oder weniger bekannten Marken ein.
gammel kongevej 85, www.madammy.dk, telefon: 33310113, geöffnet: mo-do 10.00-18.00, fr 10.00-19.00, sa 10.00-15.00, bus: 9a værnedamsvej

(17) Gefällt Ihnen der typische Look vieler dänischer Frauen? Dann ist **Ganni** die geeignete Adresse für Sie. In der schönen Boutique dieses beliebten dänischen Labels in Frederiksberg gibt es stilvolle Mode und ganz unterschiedliche Kollektionen – von elegant-casual bis geschmackvoll-klassisch.
gammel kongevej 82, www.ganni.com, telefon: 41784780, geöffnet: mo-fr 10.00-18.00, sa 10.00-16.00, bus: 9a værnedamsvej

GANNI ⑰

⑱ Bei **Berg** gibt es Mode, Taschen, Schuhe und Schmuck en masse. Angeboten werden zahlreiche dänische Marken wie Mads Nergaard und Edith & Ella, aber auch internationale Brands. Wer keinen Platz mehr in seinem Koffer hat oder später bereut, sein Lieblingsstück nicht doch noch gekauft zu haben, muss sich nicht ärgern: Über die Webseite kann man vieles online bestellen.

gammel kongevej 87, www.bergshop.dk, telefon: 88190504, geöffnet: mo-fr 11.00-18.00, sa 10.00-16.00, so 12.00-16.00, bus: 14 & 15 værnedamsvej

㉑ **Designdelicatessen** hat großartige Designerstücke aus allen Bereichen im Angebot: Dekorationsgegenstände, Lampen, Geschirr, Uhren und viele weitere wohlgeformte Stücke. Die Besitzerin trägt seit über 15 Jahren ihre Design-Favoriten aus allen Ländern der Welt zusammen, stellt sie in ihrem Laden aus und verkauft sie inzwischen auch sehr erfolgreich über ihren eigenen Webshop.
frederiksberg allé 44, www.designdelicatessen.com, telefon: 33111470, geöffnet: mo-do 12.00-17.30, fr 12.00-18.00, sa 11.00-14.00, bus: 26 platanvej

㉒ Köstliche selbst gemachte Schokolade gibt es bei **Frederiksberg Chokolade**: einzelne Pralinen, Petit Fours oder abgepackte Schokoladentafeln. Wofür auch immer man sich entscheidet, es ist auf jeden Fall ein Genuss. Die Fenster neben dem Eingang erlauben einen Blick auf die Chocolatiers bei ihrer süßen Arbeit. In den Sommermonaten ist nebenan auch der Eissalon geöffnet, der neben den vielen Schokoladeneissorten eine ganz besonders ausgefallene Spezialität anbietet: Biereis.
frederiksberg allé 64, www.frederiksbergchokolade.dk, telefon: 33223635, geöffnet: mo-mi 10.00-17.30, do 10.00-18.00, fr 10.00-19.00, sa 10.00-15.00, bus: 26 platanvej

㉛ Die meisten Boutiquen an der Istedgade verkaufen Kleidung im Retrolook – anders **Kyoto**. In der einstigen Männerboutique sind heute auch Frauen gern gesehene Gäste. Hier gibt es die exklusiveren Marken in Sachen casual-sportlicher Kleidung wie zum Beispiel Diana Orving, Pendleton, Selected Femme oder Wood Wood, allesamt für Frauen. Männern können aus Kleidungsstücken von Rascals, Our Legacy, Red Wing, Selected Homme und anderen wählen.
istedgade 95, www.kyoto.dk, telefon: 33316636, geöffnet: mo-fr 11.00-18.00, sa 10.00-17.00, bus: 10 & 14 saxogade

㉜ Die Boutique **RUDE** hat sich auf Kleidung mit dem Look der 1950er- und 1960er-Jahre spezialisiert. Passend dazu wurden die Wände mit Illustrationen aus jener Zeit dekoriert. Das Besondere am Sortiment ist die große Bandbreite und die ständig wechselnde Kollektion. Wer hier etwas kauft, kann sich ziemlich sicher sein, nicht so schnell jemandem zu begegnen, der das Gleiche trägt.
istedgade 112, www.rude.dk, telefon: 33256363, geöffnet: mo-do 10.00-18.30, fr 10.00-19.00, sa 10.00-17.00, so 13.00-17.00, bus: 10 & 14 saxogade

100% there

(6) Dänische Autoren lassen ihre Zuhörer mithilfe des **Audio Walk Vesterbro** an ihren ganz persönlichen Erfahrungen mit Vesterbro teilhaben. Diese erzählten Spaziergänge gibt es als Download auf der unten genannten Website. Wer keine Möglichkeit zum Download hat, kann sich im Bymuseum einen MP3-Player leihen, sofern nicht gerade alle vergriffen sind.

vesterbrogade 59, www.copenhagen.dk, telefon: 33210772, geöffnet: täglich 10.00-16.00, das ausleihen des mp3-players ist kostenlos (gegen vorzeigen des ausweises), bus: 6a & 26 vesterbros torv

(9) Das **Tycho Brahe Planetarium** ist für Kinder wie Eltern gleichermaßen interessant und lehrreich. Hier werden 3-D-Filme gezeigt, außerdem erfahren Sie alles über Himmelskörper, Weltraumflüge und noch vieles mehr. In den meisten Filmen stehen Natur, Dinos oder der Weltraum im Vordergrund, aber manchmal gibt es auch Blockbuster oder Kinofilme zu sehen. So oder so, jeder Film beginnt mit einem Weltraumflug und einer Beschreibung der aktuellen Konstellation am Firmament.

gammel kongevej 10, www.planetariet.dk, telefon: 33121224, geöffnet: mo 11.30-19.30, di-do & sa-so 9.30-19.30, fr 10.30-19.30, preis: erw. 144 kr, kinder 94 kr, bus: 9a det ny teater, s-tog: vesterport st

(24) Der große Park **Frederiksberg Have** ist ein echter Familienpark. Hier kann man herrlich spazieren gehen, picknicken, sich unter Bäumen in den Schatten setzen oder auf dem See eine Runde im Ruderboot drehen. Auf einem Hügel liegt Schloss Frederiksberg. Wer den Anstieg nicht scheut, wird mit einem herrlichen Blick über den Park und die Stadt belohnt.

frederiksberg runddel 3e, telefon: 38872481, geöffnet: täglich 7.00 bis sonnenuntergang, bus: 18 & 26 frederiksberg runddel

㉕ **København Zoo**, der Tierpark Kopenhagens, ist einer der ältesten Zoos Europas. Ein Besuch lohnt sich schon wegen der besonderen Tierhäuser, die hier im Laufe der Zeit nach Plänen bekannter Architekten realisiert wurden. Jüngste Beispiele: das Giraffengehege (2002) und das Elefantenhaus (2008), beide von Norman Foster entworfen. Auch das Nilpferdgehege ist sehenswert. Vom hölzernen, 1905 erbauten Aussichtsturm direkt beim Eingang hat man einen Blick bis zur schwedischen Küste.

roskildevej 32, www.zoo.dk, telefon: 72200200, geöffnet: juni-aug. täglich 10.00-20.00, apr.-mai & sept. mo-fr 10.00-17.00, sa-so 10.00-18.00, okt. täglich 10.00-17.00, nov.-febr. täglich 10.00-16.00, märz mo-fr 10.00-16.00, sa-so 10.00-17.00, eintritt: 160 kr, bus: 6a zoologisk have

㉘ Das Tanzheater **Dans Hallerne** befindet sich in einer alten Halle auf dem Carlsberg-Gelände. Sie können Vorstellungen besuchen oder im hauseigenen **Café Elefanten** zum Mittag- oder Abendessen einkehren. Das Café ist modern eingerichtet und verströmt ein industrielles Flair. Im Sommer zieht die große Terrasse viele Besucher an. Karten für eine Tanzvorstellung erhalten Sie unter *www.teaterbilletter.dk*.

pasteursvej 20, www.dansehallerne.dk, telefon: 88810811, geöffnet: café mo-mi 8.30-22.00, do-fr 8.30-23.00, sa 10.00-23.00, so 10.00-17.00, s-tog: enghave station

㉞ Nach einer umfassenden Verschönerung ist der **Sønder Boulevard** eine ruhige, grüne Straße, an der sich Jung und Alt treffen. Hier finden regelmäßig Flohmärkte, Kunstprojekte und Musikvorstellungen statt, natürlich meistens im Sommer. Auch für Aktive und Erholungssuchende hat der Boulevard einiges zu bieten. Fazit: ein reizvoller Ort zum **Picknicken** – mit Kaffee aus dem hippen Nachbarschaftssupermarkt KIHOSKH und einer Pizza von Itzipitzi.

sønder boulevard 53, 51, bus: 1a knud lavards gade, s-tog: dybbelsbro st

SØNDER BOULEVARD ㉞

Frederiksberg & Vesterbro

Den Spaziergang mit einem Brunch beginnen (1). Den Platz überqueren und links abbiegen, um einen Tisch für den Abend zu reservieren (2). Merken Sie sich diese Straße, wenn Sie später eine nette Adresse suchen, um etwas zu trinken (3) (4). Links in die Vesterbrogade abbiegen (5). Die Kirche über den linken Ausgang verlassen und dann rechts gehen, um dänischen Autoren zuzuhören. Im Museum (6) (7) alles über die Stadt erfahren. Links abbiegen und die Straße überqueren, um zu klären, ob der Vietnamese (8) eine Alternative für den Abend wäre. Links die Unterführung unter dem Ny Teater nehmen, um zum Gammel Kongevej zu gelangen. Rechts können Sie eine "Weltraumreise" machen (9) oder gehen Sie zweimal links, um in die Tullingsgade zu gelangen. Rechts halten, um an diversen Ess- und Shoppingmöglichkeiten vorbeizukommen (10) (11) (12) (13) (14) (15). Zurück zum Gammel Kongevej gehen, um dänische Mode (16) (17) (18) zu erstehen. Der Straße folgen und ein Bierchen (19) oder ein Mittagessen (20) genießen. Links im Alhambravej die Villen bewundern und rechts in der Frederiksberg Allé Design kaufen (21). Dem Boulevard folgen und sich unterwegs mit Schokolade (22) eindecken. Schließlich erreichen Sie den Frederiksberg Have. Hier können Sie etwas trinken (23). Nun einen Parkspaziergang machen und zum Schloss hinaufgehen, um die Aussicht zu genießen (24) oder den Zoo (25) zu besuchen. Die Straße Richtung Søndermarken Parken überqueren, wo ein unterirdisches Erlebnis wartet (26). Links den Park verlassen, rechts abbiegen, gleich wieder links gehen, an den Elefanten vorbei – dem Symbol des Carlsberg-Geländes. Zweimal rechts, einmal links und wieder rechts gehen, um zur alten Brauerei (27) zu gelangen. Besichtigen Sie das einstige Werksgelände, das nun Kulturelles bietet (28). Das Gelände verlassen, erst links gehen und dann rechts in den Ny Carlsberg Vej einbiegen. Danach links über den Enghavevej am Enghavepark vorbei Richtung Enghaveplads (29) gehen. Einen Abstecher in die Istedgade mit ihren Lokalen und Boutiquen (30) (31) (32) machen. Oder laufen Sie vom Platz aus rechts über die Dybbølsgade und Valdemarsgade zu einer Terrasse (33). Am Sønder Boulevard kann man auch picknicken (34). Den Spaziergang im einstigen Schlachthausviertel und heutigen Ausgehviertel abschließen (35) (36).

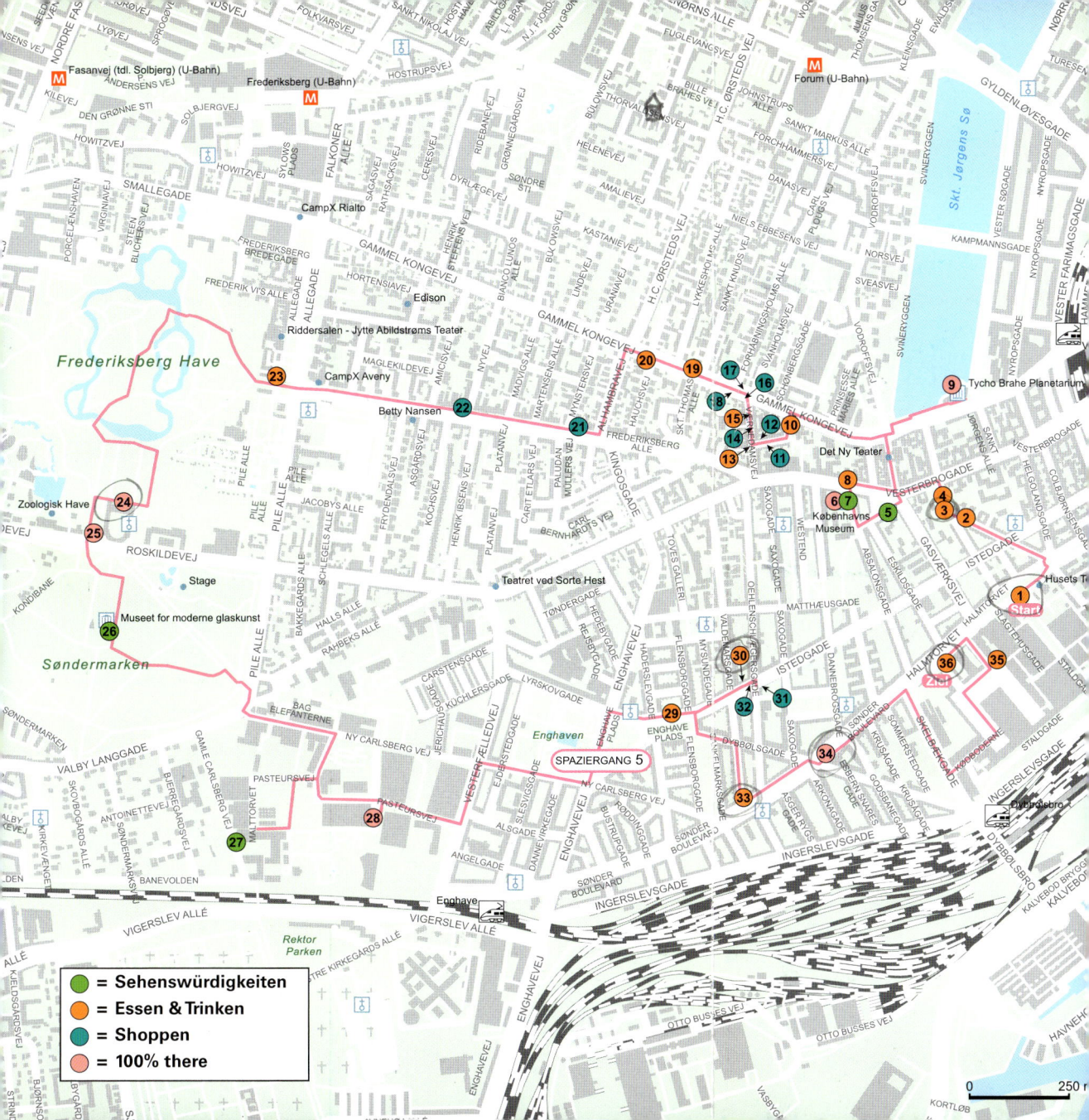

Malmö

Schwedisches Design und moderne Architektur

Es ist ganz einfach, mal schnell von Kopenhagen in die schwedische Stadt Malmö, auf der anderen Seite von Øresund, zu fahren. Der Zug über die Øresundbrücke bringt Sie in nur 45 Minuten zum Bahnhof Triangeln oder an den Hauptbahnhof, und die Dänen machen davon rege Gebrauch. Dank der Brücke ist Malmö für Touristen noch attraktiver geworden.

Auch wenn die beiden Länder heute freundschaftlich verbunden sind, führten sie in der Vergangenheit viele Kriege. Die Herrschaft über Malmö lag abwechselnd in dänischer oder schwedischer Hand. Malmö wuchs von einem kleinen Dorf zu einer stattlichen Festungsstadt heran, die im rauen Mittelalter eine wichtige strategische Rolle spielte.

Diese Zeit liegt lange zurück, aber Malmö wächst noch immer. Seit der Brückenanbindung an Dänemark zogen viele Kopenhagener nach Malmö, was die Stadt zur Errichtung von Neubausiedlungen veranlasste, von denen

das Öko-Viertel Västra Hamnen ein gutes Beispiel ist. Nicht nur die Dänen, auch die Schweden haben im Bereich Architektur und Design weltweit ein hohes Renommee. Und das zu Recht, wie die Architektur von Västra Hamnen und Turning Torso zeigt.

Malmö ist aber nicht nur von supermodernen Vierteln geprägt. Gegenden wie Gamla Väster (Alter Westen), Gebäude wie das Malmöhus und Plätze wie Lilla Torg erinnern noch an das Mittelalter. Heute ist Malmö eine Multikulti-Stadt mit 169 verschiedenen Nationalitäten. Das zeigt sich unter anderem im Viertel Möllvången, wo man Speisen aus aller Herren Länder bekommt.

Malmö lockt auch mit großen Parks. Im Kungsparken und Slottsparken – die nebeneinander liegen und die Grenze zum alten Stadtzentrum bilden – gibt es idyllische Kanäle, prächtige Baumriesen und lange Wanderwege. Sobald es das Wetter zulässt, zieht es die Einwohner Malmös hierher. Geschäfte und Restaurants dagegen befinden sich hauptsächlich im Zentrum und rund um den Davidshallstorg.

6 Insider-Tipps

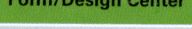
Form/Design Center
Alles über schwedische Designkultur erfahren.

Folkets Park
Einen Ausflug in den herrlichen Park unternehmen.

Mrs. Brown
Typisch skandinavische Gerichte probieren.

Ribersborgs Kallbadhus
Mit Blick auf Kopenhagen etwas Warmes trinken.

Tjallamalla
Den letzten schwedischen Modeschrei erstehen.

Lilla Kafferosteriet
Besondere Kaffeesorten genießen.

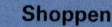 Sehenswürdigkeiten
Shoppen

 Essen & Trinken
100% there

Sehenswürdigkeiten

(1) 1914 fand in Malmö die Baltische Ausstellung statt, für die um einen See der **Pildammspark** angelegt wurde. Dieser Park mit Amphitheater und einem Wasserturm, in dem Kunstausstellungen präsentiert werden, ist sehr beliebt.
pildammsparken, öffentlich zugänglich, zu fuß vom bahnhof triangeln

(7) Die **Malmö Konsthall** wurde 1975 eröffnet und war damals eine der größten Ausstellungshallen Europas für moderne Kunst. In der außergewöhnlichen Architektur kommen die Kunstwerke gut zur Geltung. Es finden Ausstellungen mit moderner, aber auch klassischer und experimenteller Kunst statt.
johannesgatan 7, www.konsthall.malmo.se, telefon: 40341286, geöffnet: mo-di & do-so, mi 11.00-22.00, eintritt: frei, zu fuß vom bahnhof triangeln

(20) In einem mittelalterlichen Gebäude befindet sich das **Form/Design Center**. Hier werden rund 20 Wechselausstellungen über die aktuellsten Entwicklungen auf dem Gebiet des skandinavischen Designs gezeigt. Die Dauerausstellung "The beauty of everyday life" präsentiert Höhepunkte schwedischen Designs in den Bereichen Möbel, Textilien, Licht und Kunst.
lilla torg 9, www.formdesigncenter.com, telefon: 406645150, geöffnet: di-sa 11.00-17.00, so 12.00-16.00, eintritt: frei, bus: centralstationen

(21) Nicht weit von der großen Einkaufsstraße entfernt liegt der mittelalterliche **Lilla Torg**, auf dem einige der ältesten Gebäude Malmös stehen. Er wurde 1592 als Marktplatz angelegt, und heute gibt es hier schöne Cafés und Restaurants. Sobald die ersten Sonnenstrahlen im Frühjahr hinter den Wolken hervorblitzen, öffnen auf dem Platz zahlreiche Terrassen. Im Winter lädt eine Eisbahn zum Rundendrehen ein.
lilla torg, bus: centralstationen

(24) **Fiskehoddorna** ist ein Fischmarkt und gehört zu den Malmö Museer. "Hodda" ist das südschwedische Wort für Hütte und spielt auf die kleinen, typisch schwedischen Fischerhütten an. 1956 wurden die Fischerhütten an einem anderen Ort abgerissen und in den Malmö Museer wieder aufgebaut. Inzwischen stehen sie unter Denkmalschutz. Die Hütten und der Fischmarkt werden nach wie vor genutzt, und man bekommt hier leckeren Fisch.
banérskajen, geöffnet: di-sa 6.30-13.00, bus: 32 tekniska museet

⑦ **MALMÖ KONSTHALL**

㉕ Die **Malmö Museer** sind eine Ansammlung verschiedener Museen. Im Malmöhus, dem ältesten erhaltenen Renaissanceschloss Skandinaviens, befinden sich gleich drei. Im Laufe der Jahrhunderte hatte das Schloss unterschiedliche Funktionen: So wurde es im 16. Jahrhundert als befestigtes königliches Herrenhaus erbaut und diente im 18. und 19. Jahrhundert als Gefängnis. Das Teknikens och Sjöfartens Hus, das Kommendanthuset und das Malmö Konstmuseum gehören ebenfalls zu den Malmö Museer, die alle sehr nah beieinander liegen.

malmöhusvägen, www.malmo.se/museer, telefon: 40344400, geöffnet: täglich 10.00-17.00, eintritt: 40 sek, bus: 32 tekniska museet

(26) Gamla Väster (Alter Westen) ist ein Viertel, in dem man noch die Atmosphäre des mittelalterlichen Schwedens schnuppern kann. In den bunten Fachwerkhäusern wohnten im 19. Jahrhundert hauptsächlich Handwerker und Arbeiter. Als das Viertel 1970 von Grund auf saniert wurde, stammte der Großteil der Einwohner aus Familien, die bereits seit Generationen in den kleinen Häuschen wohnten. Glücklicherweise blieb der mittelalterliche Charakter von Gamla Väster trotz des Umbaus gewahrt.

gamla väster, bus: centralstationen

(28) Der **Stortorget** bildet schon seit dem 16. Jahrhundert das Zentrum der Stadt. An diesem Platz liegt eine Reihe sehenswerter Gebäude wie das Rådhuset (Rathaus), das ursprünglich im niederländischen Renaissancestil errichtet wurde. Von diesem historischen Gebäude blieb nur der Keller erhalten, der als Gefängnis und Herberge diente. Im 19. Jahrhundert wurde das Rådhuset vollständig umgebaut, aber die Herberge besteht nach wie vor und ist heute eine beliebte Bar. Links vom Rådhuset steht das Gouverneurshaus aus dem 19. Jahrhundert, in dem heute der Distrikt-Gouverneur wohnt. Der Springbrunnen und die Statue auf dem Platz sind ebenfalls sehenswert. Gut zu wissen: Auf dem Stortorget finden viele Events statt, und im Winter kann man auf einer Eisbahn wunderbar Schlittschuh laufen.

stortorget, bus: centralstationen

(30) Die **Sankt Petri Kyrka** ist die Kathedrale von Malmö, erbaut im 12. Jahrhundert. Ursprünglich war sie mit schönen Malereien verziert, doch wurden diese leider bei einer Renovierung im 19. Jahrhundert entfernt. Lediglich die Malereien in der Taufkapelle (links vom Eingang in der Ecke) sind erhalten geblieben. Sehr beeindruckend: Altar und Kanzel.

göran olsgatan 1, www.svenskakyrkan.se/malmo/stpetri, telefon: 40279000, geöffnet: täglich 10.00-18.00, eintritt: frei, zug: centralstationen

(31) Der **Turning Torso** aus dem Jahr 2005 steht im ökologischen Viertel Västra Hamnen. Er wurde vom spanischen Architekten Santiago Calatrava entworfen. Der Wohnturm hat 54 Etagen und ist das höchste Gebäude in Skandinavien. Er ist so konstruiert, dass jedes Stockwerk etwas versetzt gebaut ist. Im Sommer ist das Gebäude einige Wochen lang für die Öffentlichkeit zugänglich. Von ganz oben hat man eine großartige Aussicht.

lilla varvsgatan 14, www.turningtorso.se, bus: 2 turning torso

cappuccino
caffe latte
latte macchiato
mocha latte
varm choklad
Buddha special 45:
Te (gröna drömmar/Rooibos Kalahari)

Apelsinjuice
Must
Läsk
Mineralvatten

⑰ LILLA KAFFEROSTERIET

Essen & Trinken

(2) Das im Pildammspark gelegene Restaurant **Bloom in the Park** wirkt von außen wie ein schlichtes Holzhaus. Umso größer die Überraschung, wenn man durch einen goldfarbenen Gang den Speiseraum betritt, der luxuriös eingerichtet ist und einen herrlichen Seeblick gewährt. Das Essen ist vorzüglich, die Speisekarte enthält vor allem europäische Gerichte. Sonntags kann man hier einen *high tea* genießen und währenddessen der Livemusik lauschen.
pildammsvägen 17, www.bloominthepark.se, telefon: 4079363, geöffnet: mo-sa 18.00-0.00, so 12.00-16.00, preis: drei-gänge-menü 495 sek, high tea 295 sek, zu fuß vom bahnhof triangeln

(5) Das **Far i Hatten** ("Vater im Hut") wurde 1892 eröffnet und ist das älteste Bauwerk im Folkets Parken. Ein beliebter und gemütlicher Fleck, um mit Freunden Kaffee, ein Glas (Bio-)Wein oder ein Bierchen zu trinken. Das Café verfügt über eine schöne Terrasse, auf der man sich im Sommer die herrlichen saisonalen oder Grillgerichte schmecken lassen kann – wenn man Glück hat inklusive Livemusik.
folkets park, www.farihatten.se, telefon: 406153651, geöffnet: di-sa 18.00-2.00, preis: hauptspeise 195 sek, bus: 35 möllevångstorget, 5 folkets park

(6) **Café Glassfabrikken** ("die Eisfabrik") gehört zum Kulturzentrum, in dem regelmäßig Musikveranstaltungen und Podiumsdiskussionen stattfinden. In dem Café trifft sich vor allem ein jüngeres Publikum gern, man kann dort aber auch gut am Laptop oder Tablet arbeiten. Mittags werden leckere Gerichte wie vegetarische Ciabattas gefüllt mit Hummus und frischem Salat serviert.
kristianstadgatan 16, www.glassfabriken.net/cafe, telefon: 40238101, geöffnet: di-so 11.00-20.00, preis: latte 20 sek, bus: 35 möllevångstorget

(10) **Lite-off** liegt am Davidshallstorg, einem idyllischen Platz und Treffpunkt der Locals. Im Lite-off zaubern die Küchenchefs Kuchen, Salate, Brötchen und alle Kaffeevarianten, die man sich nur vorstellen kann. Wer einen Kaffee mit Milchschaum bestellt, erhält vom Barista ein echtes Kunstwerk!
davidshallstorg 3, www.liteoff.se, telefon: 406119502, geöffnet: mo-fr 9.00-20.00, sa-so 10.00-18.00, preis: sandwich 58 sek, bus: 1, 2, 5, 6, 7 & 8 davidshall

⑪ **MRS. BROWN**

⑪ **Mrs. Brown** ist bei den Schweden schwer angesagt. Der Grund: die tolle Atmosphäre, das gute Essen und die moderne Einrichtung. Sowohl drinnen als auch draußen hat man einen fantastischen Blick auf den schönen Davidshallstorg. Auf der Karte stehen Speisen aus Skåne, der Region, in der Malmö liegt, kombiniert mit französischem und italienischem Einfluss.

storgatan 26, www.mrsbrown.nu, telefon: 40972250, geöffnet: mo-do 16.00-0.00, fr 11.30-1.00, sa 12.30-1.00, preis: 195 sek, bus: 1, 2, 5, 6, 7 & 8 davidshall

(13) **Atmosfär** ist ein Gourmettempel mit schwedischer sowie internationaler Küche. Man sitzt an großen runden Tischen, umgeben von modernem, schwarzem Interieur und genießt kleine Köstlichkeiten oder das äußerst verlockende Mehrgängemenü.

fersens väg 4, www.atmosfar.com, telefon: 40125077, geöffnet: mo-fr 11.30-14.30, mo-sa 17.00-0.00, preis: mittagessen 95 sek, hauptspeise 110 sek, bus: 1 & 4 stadsbiblioteket

(15) Im italienischen Restaurant **V.E.S.P.A** sind die Wände (natürlich) mit Fotos des weltberühmten Motorrollers geschmückt. Es steht sogar eine echte Vespa im Restaurant. Die Karte bietet überwiegend Pizza und Pasta.

kanalgatan 3, www.vespa.nu, telefon: 40127147, geöffnet: mo-fr 11.30-22.00, sa-so 12.00/13.00-22.00, preis: hauptspeise 110 sek, bus: 1, 2, 4, 5, 7 & 8 gustav-adolfstorg

(16) Die trendige Trattoria **Spot** verwöhnt ihre Gäste mit köstlichem italienischem Essen: Pizza, Ciabatta, Pasta und Salat. Nach dem Essen sollten Sie den Kaffee aus frisch gemahlenen Kaffeebohnen probieren.

stora nygatan 33, www.restaurangspot.se, telefon: 40120203, geöffnet: mo-do 11.30-21.00, fr 11.30-22.00, sa 12.00-22.00, preis: 150 sek, bus: 1, 2, 4, 5, 7 & 8 gustavadolfstorg

(17) Die kleine Kaffeerösterei **Lilla Kafferosteriet** gehört zu den beliebtesten Cafés der Stadt. Unterschiedliche Geschmacksrichtungen und Herkunftsländer machen die Auswahl des Kaffees nicht gerade leicht. Unbedingt probieren sollten Sie das Skånske-Frühstücksbuffet (benannt nach der Region, zu der Malmö gehört), allerdings nur von Freitag bis Sonntag, oder den köstlichen Käse- oder Karottenkuchen.

baltzarsgatan 24, ww.lillakafferosteriet.se, telefon: 40482000, geöffnet: mo-fr 8.00-18.00, sa 10.00-17.00, so 11.00-17.00, preis: kaffee 25 sek, bus: centralstationen

(27) Meet the **Bastard!** Dieses Restaurant übt auf echte Fleisch-Fans eine nahezu magische Anziehungskraft aus. Die Karte wechselt täglich und bietet das, was der Koch an frischem Biofleisch gerade ergattert hat. Gern gegessen wird der "Bastard Planka", ein Teller mit verschiedenen Fleischhäppchen.
mäster johansgatan 11, www.bastardrestaurant.se, telefon: 40121318, geöffnet: di-do 17.00-0.00, fr-sa 17.00-2.00, preis: 160 sek, bus: 5 oder zu fuß vom hauptbahnhof (centralstationen)

(29) Das Restaurant **Årstiderna** serviert typisch schwedische Gerichte in hervorragender Qualität. Daher nimmt man auch gern die etwas höheren Preise in Kauf. Årstiderna liegt in der Nähe des Stortorget. Sowohl für das Mittag- als auch für das Abendessen ein echter Tipp!
frans suellsgatan 3, www.arstiderna.se, telefon: 40230910, geöffnet: mo-fr 11.30-0.00, sa 17.00-0.00, preis: mittagsessen 175 sek, zu fuß vom hauptbahnhof (centralstationen)

(33) Das hervorragende Essen sowie der herrliche Blick auf das Meer und die Øresundbrug machen das **Salt & Brygga** zu einer wahren Toplocation. Ganz im Sinne des Viertels, in dem das Restaurant liegt, wird auch im Salt & Brygga Umweltbewusstsein groß geschrieben. Das Lokal wurde daher unter Berücksichtigung ökolgischer Gesichtspunkte eingerichtet. In den Speisen werden weitestgehend regionale Produkte verarbeitet, und es gibt ein breit gefächertes Angebot an biologischen Bieren und Weinen.
sundspromenaden 7, www.saltobrygga.se, telefon: 406115940, geöffnet: di-fr 11.30-14.00 & 17.00-23.00, sa 12.30-15.30 & 17.00-23.00, preis: 210 sek, bus: 2 turning torso

Shoppen

(9) Für Malmös Modeliebhaber, männlich wie weiblich, ist **Tjallamalla** eine Institution. Hier gibt es Kleidung und Accessoires aufstrebender Designer und renommierter Labels für jeden Geschmack.
davidshallsgatan 15, www.tjallamalla.com, telefon: 4079190, geöffnet: mo-fr 11.00-18.00, sa 11.00-17.00, bus: 2 triangeln, bahnhof triangeln

(12) Neben eigenen Entwürfen – häufig mit Batikdruck – verkauft die Eigentümerin von **Gry** auch Mode zum Beispiel von Lolly´s Laundry und Humanoid. Kombiniert mit dem großartigen Schmuck und den originellen Taschen wird Ihr Outfit garantiert ein Hingucker!
storgatan 28, www.gry.se, telefon: 40303700, geöffnet: mo-fr 11.00-18.00, sa 11.00-16.00, bus: 4 triangeln

(14) Der Designerladen **Designtorget** hat sich dem Motto "Jede Woche neue, sorgfältig ausgewählte Entwürfe" verpflichtet. Eine spezielle Jury beurteilt die neuen Produkte, die sowohl von großen Unternehmen stammen als auch von unbekannten, selbstständigen Designern handgefertigt sind. Hauptsache, die neuen Designerstücke erfüllen einen bestimmten Zweck, sind von hoher Qualität und haben das gewisse Etwas. Interessantes Detail: Es gibt sie nur eine begrenzte Zeit zu kaufen, sodass es bei jedem Besuch etwas Neues zu entdecken gibt. Und man darf natürlich nicht tagelang über den Kauf nachdenken ... Das ideale Geschäft für ausgefallene Geschenke.
södra vallgatan 3, www.designtorget.se, telefon: 40307082, geöffnet: mo-fr 10.00-18.00, sa 11.00-17.00, so 12.00-16.00, bus: 1, 2, 4, 5, 7 & 8 gustav-adolfstorg

(18) Das **Lagerhaus** gehört zu den Geschäften, in denen man der Versuchung, etwas zu kaufen, kaum widerstehen kann. Es gibt nämlich viele originelle Dinge zu relativ günstigen Preisen. Wer gern Kuchen backt oder auch Partys schmeißt, findet hier bestimmt etwas: Backformen, Muffinförmchen, Kerzen mit Aufschrift und Vorlagen zur Verzierung von Torten.
södergatan 16, www.lagerhaus.se, telefon: 40122224, geöffnet: mo-fr 10.00-19.00, sa 10.00-17.00, so 12.00-16.00, bus; 1, 2, 4, 5, 7 & 8 gustavadolfstorg

TJALLAMALLA ⑨

⑲ **L ænd l** ist modern und angesagt. Die Kollektion umfasst internationale Marken, aber es gibt auch unbekannte schwedische Brands wie Svensson Jeans. Eine einmalige Chance, eine Jeans zu kaufen, die man außerhalb Schwedens nicht bekommt! Antikes schwedisches Mobiliar und Gemälde an den Wänden zieren den tollen Klamotten-Laden.

södergatan 3, www.l-and-i.se, telefon: 40125763, geöffnet: mo-fr 10.00-19.00, sa 10.00-17.00, so 12.00-16.00, bus: centralstationen

100% there

(3) Vor 100 Jahren war **Möllevångstorget** ein ländliches Areal, auf dem nur einige Windmühlen standen. Heute befindet sich hier ein belebter, multi-kultureller Marktplatz mit zahlreichen Läden und Lokalen ringsum. Besucht werden diese vor allem von Studenten aus dem Viertel, die übrigens auch mehrheitlich den Markt bevölkern, um frisches Obst und Gemüse zu kaufen.

möllevångstorget, geöffnet: markt mo-sa 7.00-15.00, bus: 35 möllevångstorget

(4) Der **Folkets Park** gehört zu den ältesten Volksparks der Welt und zu den meistbesuchten Attraktionen Schwedens. Seit fast 120 Jahren kommen Jung und Alt hierher, um Spaß zu haben, sich zu entspannen und das Leben zu genießen. Es gibt hier vieles zu entdecken, zum Beispiel ein Kulturzentrum, das kulturelle Abende (Moriska Paviljongen) organisiert, eine Minigolfanlage, einen Streichelzoo, ein beliebtes Café mit einer großen Terrasse, Fahrgeschäfte und, und, und. Man kann natürlich auch einfach nur die Seele baumeln und das Auge schweifen lassen.

falsterbogatan 9, www.malmofolketspark.se, telefon: 40341000, geöffnet: okt.-märz mo-fr 7.00-21.00, sa-so 8.00-22.00, apr.-mai & sept. mo-fr 7.00-22.00, sa-so 8.00-22.00, juni-aug. mo-fr 7.00-23.00, sa-so 8.00-23.00, eintritt: zum park frei, bus 35: möllevångstorget

(8) Das **Victoria Teatern** ist ein "Picknicktheater". Während der Vorstellungen kann man dort nämlich essen und trinken – von der einfachen Pizza bis zu Austern mit Champagner. Viele Veranstaltungen sind auf Schwedisch, aber es finden auch Konzerte internationaler Bands statt. Im Internet oder auf den Plakaten draußen am Theater gibt es umfassende Informationen über das jeweilige Menü und die folgenden Vorstellungen. Tickets sind online oder unter 0046 0771 477070 erhältlich.

förstadsgatan 18, www.victoria.se, telefon: 771477070, geöffnet: an spieltagen ab 19.00, preis: je nach vorstellung, bus: 2 triangeln

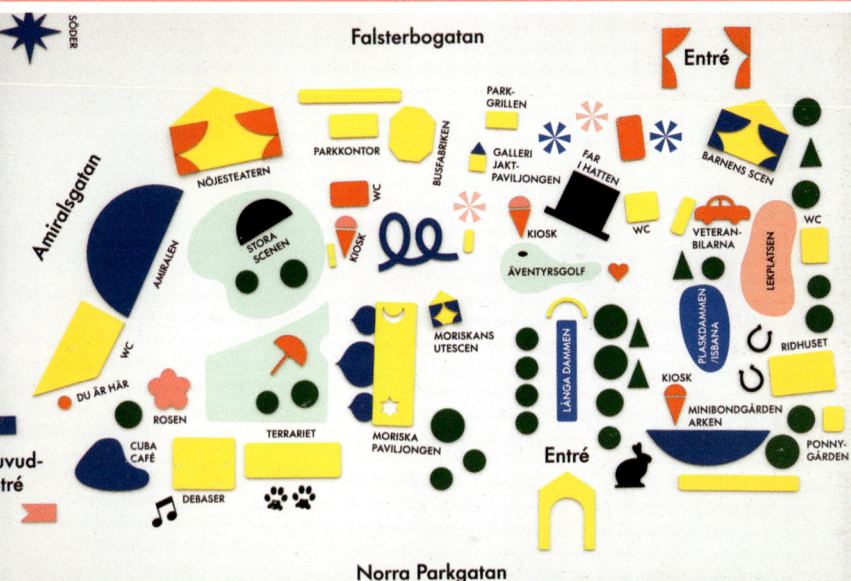

SÖDER

Falsterbogatan

Entré

PARK-
GRILLEN

GALLERI
JAKT-
PAVILJONGEN

FAR
I HATTEN

BARNENS SCEN

PARKKONTOR

BUSFABRIKEN

NÖJESTEATERN

WC

VETERAN-
BILARNA

WC

Amiralsgatan

ANIRALEN

STORA
SCENEN

KIOSK

KIOSK

ÄVENTYRSGOLF

LEKPLATSEN

WC

MORISKANS
UTESCEN

PLASKDAMMEN
/ISBANA

RIDHUSET

WC

DU ÄR HÄR

LÅNGA DAMMEN

KIOSK

ROSEN

TERRARIET

MORISKA
PAVILJONGEN

MINIBONDGÅRDEN
ARKEN

CUBA
CAFÉ

Entré

PONNY-
GÅRDEN

uvud-
tré

DEBASER

Norra Parkgatan

FOLKETS PARK ④

㉒ Der 1872 eröffnete **Kungsparken** (Königspark) war der erste große Park
in Malmö. Die Grünanlage ist voller Blumen und seltener Bäume und lädt auf
wunderschönen Wanderwegen zum Spazierengehen ein. **Slottsparken**
(Schlosspark) wurde ein wenig später angelegt (1900) und ist dicht bewachsen.
Es gibt hier einige Seen, an deren Ufer man ganz romantisch eine Pause ein-
legen kann. Dieser Park ist auch bekannt für seine vielen Skulpturen, die hier
und da aus dem Grün auftauchen.
kungsparken/slottsparken, bus: 1 & 4 stadsbiblioteket

(23) **Slottsträdgården** ist ein Öko-Garten, der bei den Schweden sehr beliebt ist: Hier kann man Pflanzen und Blumen kaufen, Gartentipps erfragen oder einfach kurz dem hektischen Stadtleben entfliehen. Zum Garten gehört ein Café – Slottsträdgårdens Kafè – in dem es herrlichen Möhrenkuchen gibt.
malmöhusvägen 8, www.slottstradgarden.se, geöffnet: im sommer täglich 11.00-17.00, im winter mo-fr 12.45-15.30, sa-so 11.00-15.00, preis: mittagessen 50 sek, bus: 1 & 4 stadsbiblioteket

(32) Die Gegend, in der heute das hypermoderne Viertel **Västra Hamnen** liegt, beherbergte früher eine alte Schiffswerft. Heute sieht es hier ganz anders aus: Die verschiedenen Baustile, die zum Einsatz kamen, machen dieses Viertel zu einem architektonischen Highlight. Von hier aus kann man noch einen Abstecher zum Boulevard Sundspromenaden machen, um eine Pause am Wasser einzulegen – zusammen mit unzähligen Einheimischen aus der Gegend und anderen Stadtteilen.
västra hamnen, bus: 2 scaniabadet

(34) In der Sauna des **Ribersborgs Kallbadhus** am Öresund kann man entspannen oder sich aufwärmen. Es gibt schwedische (trockene) Saunen für Frauen wie Männer und eine gemischte Dampfsauna. In Letzterer besteht der Aufguss aus Wasser oder Eis mit ätherischen Ölen. Nach dem Aufguss werden durch das Schwenken mit einem Handtuch die Dämpfe und die Hitze durch den Raum verteilt. Wer genug von der Hitze hat, findet die Abkühlung direkt vor der Tür – im Freibad, auch im Winter!
limhamnsvägen, brygga 1, www.ribersborgskallbadhus.se, telefon: 40260366, geöffnet: mai-aug. mo-fr 9.00-20.00, mi bis 21.00, sa-so 9.00-18.00, sept.-apr. mo-fr 10.00-19.00, mi bis 20.00, sa-so 9.00-18.00, eintritt: 65 sek, sauna 25 sek, bus: 32 ribersborg

Malmö

SPAZIERGANG 6 (ca. 13,5 km)

Mit dem Zug nach Malmö fahren und am Bahnhof Triangeln aussteigen. Den Ausgang Nord nehmen, wenn Sie den kurzen Spaziergang machen wollen (der bei Nummer 7 beginnt). Ansonsten den Bahnhof über Ausgang Süd verlassen. Zur Straße vorgehen, rechts abbiegen und dann links in den Park ① spazieren. Hier können Sie eventuell auch einen Tisch reservieren ②. Umdrehen und der langen Smedjegatan Richtung Marktplatz ③ folgen. Weitergehen, um über die zweite Straße links zum Folkets Park ④ zu gelangen, einem Vergnügungspark für Jung und Alt ⑤. Über die Kristiansgatan zum Möllevångstorget zurückgehen, um einen Kaffee zu trinken ⑥. Über die Södra Skolgatan zur Möllevangsgatan schlendern. Am Ende dieser Straße rechts abbiegen, um die Kunsthalle ⑦ zu besuchen. Der Rådmansgatan bis zum Theater ⑧ folgen und dann links abbiegen. Hier kommen Sie an einer netten Boutique ⑨ vorbei, bevor Sie den Platz mit Restaurants ⑩ ⑪ und einem besonderen Laden ⑫ erreichen. In der Storgatan bei Atmosfär ⑬ etwas essen. Rechts abbiegen und bis zur Davidshalls-Brücke am Wasser entlanggehen. Das Gebäude zu Ihrer Rechten beherbergt einige Designläden ⑭ ⑮. Rechts am Platz Gustav Adolfs torg vorbeigehen. Rechts abbiegen und hinter Spot ⑯ links gehen. Erneut links abbiegen, um einen Kaffee zu trinken ⑰. An der nächsten Ecke rechts abbiegen, um etwas zu shoppen ⑱ ⑲, oder geradeaus gehen, um Design ⑳ und einen mittelalterlichen Platz ㉑ zu bewundern. Weiter geradeaus gehen, bis Sie zum schönen Kungsparken ㉒ gelangen, in dem sich diverse Highlights befinden ㉓ ㉔ ㉕. Den Park durchqueren, erst rechts und dann links in die Jakob Nilsgatan Richtung Altstadt ㉖ abbiegen. Bei Bastard! ㉗ die Speisekarte studieren und dann Richtung Stortoget spazieren ㉘ ㉙. Die Kirche ㉚ bestaunen und vor dem Wasser links abbiegen. Am Bahnhof können Sie den Zug nach Kopenhagen nehmen oder Bus 2 zum Stadtteil Västra Hamnen mit dem Turning Torso ㉛ ㉜. Hier kann man gut essen ㉝ und auf der "Tribüne" ein Eis verzehren. Oder ein Glas Wein und den Sonnenuntergang über Kopenhagen genießen. Oder gehen Sie südwärts am Wasser entlang, um den Spaziergang in einer schwedischen Sauna ㉞ abzuschließen.

Weitere Sehenswürdigkeiten

Wer den Spaziergängen des 100% Cityguides folgt, wird die schönsten Sehenswürdigkeiten automatisch entdecken. Aber Kopenhagen hat natürlich noch mehr zu bieten. Hier folgen ein paar weitere Tipps. Einige Ziele sind zu Fuß nur schwer zu erreichen, aber mit öffentlichen Verkehrsmitteln ist das kein Problem. Die Buchstaben finden Sie auf der Übersichtskarte am Anfang des 100% Cityguides.

Ⓛ Das Museum für moderne Kunst **Louisiana** am Strandvej in Humlebæk zeigt Werke von Picasso, Warhol und Giacometti in einer Dauerausstellung. Außerdem gibt es einen großartigen Skulpturengarten mit meterhohen Statuen und einer wundervollen Aussicht auf das Meer.
gammel strandvej 13, humlebæk, www.louisiana.dk, telefon: 49190719, geöffnet: di-fr 11.00-22.00, sa-so 11.00-18.00, eintritt: 110 kr, zug: (zug in richtung helsingør) bahnhof humlebæk

Ⓜ Ebenfalls ein Museum für moderne Kunst präsentiert sich in **Arken** in einem Gebäude, das wie ein großes weißes Schiff aussieht. Es liegt unmittelbar am Ishøj-Strand und zeigt Arbeiten skandinavischer Künstler aus der Zeit von 1990 bis heute. Das Museum umfasst rund 400 Werke – von Fotos über Gemälde bis hin zu Installationen und Videokunst.
skovvej 100, ishøj, www.arken.dk, telefon: 43540222, geöffnet: di & do-so 11.00-17.00, mi 10.00-21.00, eintritt: 95 kr, zug: (zug in richtung køge oder hundige) bahnhof ishøj, dann bus: 128

Ⓝ Das prächtige **Schloss Frederiksborg** liegt auf einer Insel inmitten eines Sees. Das Schloss wurde 1620 im französisch-niederländischen Renaissancestil erbaut und ist von einem prachtvollen Barockgarten umgeben. Im Palast kann man ein Museum mit der nationalen Porträtgalerie Dänemarks besuchen, wo man Aug in Aug mit bekannten Dänen steht: H. C. Andersen, Karen Blixen (Autorin unter dem Pseudonym Isak Dinesen) sowie der königlichen Familie.
slotsgade, hillerød, www.frederiksborgslot.dk, telefon: 48260439, geöffnet: täglich apr.-okt. 10.00-17.00, nov.-märz 11.00-15.00, eintritt: 75 kr, zug: bahnhof hillerød, dann bus: 701 oder 702

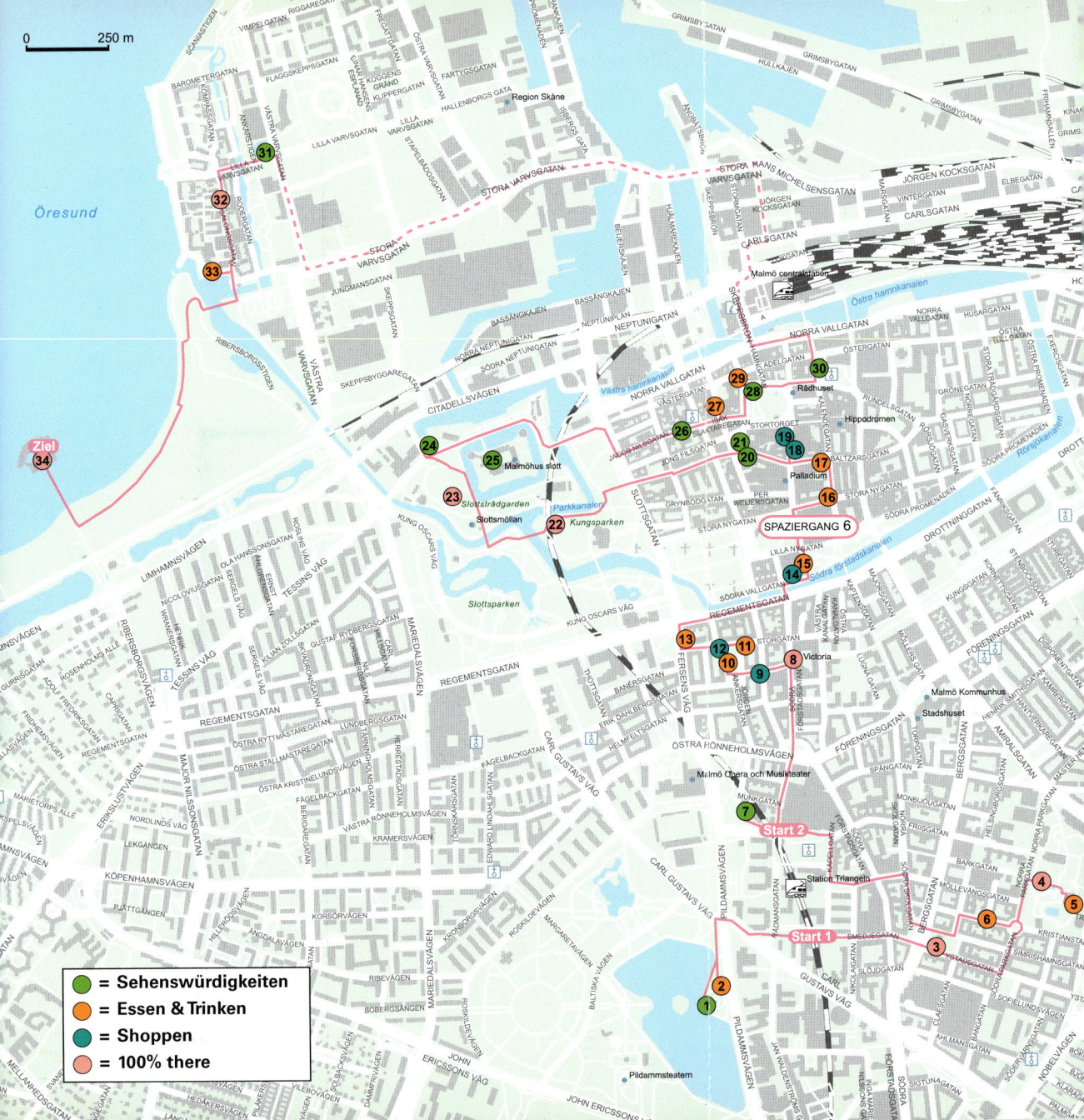

(O) **Schloss Kronborg** liegt im malerischen Küstenort Helsingør und ist vor allem Literaturfreunden ein Begriff: Shakespeares Stück *Hamlet* spielt in diesen Gemäuern. Erbaut wurde das Schloss 1639 als Wehranlage. Außer dem Ballsaal kann man auch die unterirdischen Soldatenunterkünfte besichtigen. Besuchen Sie auch das Gebäude, in dem das **Seefahrtmuseum** angesiedelt ist. Entworfen wurde es vom namhaften dänischen Architektenbüro BIG. Zum Schluss sollten Sie einen Spaziergang durch das alte Helsingør unternehmen.
kronborg 2c, helsingør, www.kronborg.dk, www.mfs.dk, telefon: 49213078, geöffnet: kronborg, täglich juni-aug. 10.00-17.30, sept.-mai 11.00-16.00; seefahrtmuseum, juli-aug. täglich 11.00-17.00, sept.-juni di-so 11.00-17.00, preis: kombiticket kronborg und seefahrtmuseum 150 kr, zug: helsingør

(P) Das **Vikingeskibsmuseet** befindet sich in der einstigen Hauptstadt Dänemarks, in Roskilde. Fünf Wikingerschiffe gibt es zu bestaunen, die aus dem Roskildefjord geborgen wurden. Das Museum zeigt, wie die Wikinger früher lebten. Im Sommer werden Bootsfahrten in einem Wikingerschiff angeboten.
vindeboder 12, roskilde, www.vikingeskibsmuseet.dk, telefon: 46300200, geöffnet: täglich 23. juni-31. aug. 10.00-17.00, sept.-22. juni 10.00-16.00, eintritt: mai-sept. 115 kr, okt.-apr. 80 kr, zug: roskilde, dann bus: 607, 852 sankt ibs vej

(Q) **Det Blå Planet** – der blaue Planet – ist das größte Aquarium Nordeuropas und ein tolles Erlebnis für Familien mit Kindern. Die Anlage ist auf allen Seiten von Wasser umgeben, sodass man meint, sich selbst im Wasser zu befinden. Die Form des Gebäudes erinnert an eine fünfflügelige Schiffsschraube.
jacob fortlingsvej 1, www.denblaaplanet.dk, telefon: 44222244, geöffnet: mo 10.00-21.00, di-so 10.00-18.00, eintritt: 144 kr, u-bahn: kastrup

(R) **Ørestad** ist ein lang gezogener neuer Stadtteil Kopenhagens unweit der Øresundbrücke. Dank der U-Bahn-Verbindung (Linie 1) sind alle Ecken des Viertels gut erreichbar. Entlang der Strecke befinden sich besondere Architekturhighlights wie die Universitätsgebäude in der Nähe der Haltestelle Islands Brygge, die Studios des öffentlich-rechtlichen Fernsehens, Bella Sky, Field's, das größte Einkaufszentrum Skandinaviens, außergewöhnliche Appartementhäuser, und das imposante 8-tallet, das vom Architektenbüro BIG entworfen wurde. Hier kann man sich auf die Terrasse des gleichnamigen Cafés setzen und den Blick über das Naturschutzgebiet Amager Fælled schweifen lassen.
u-bahn: 1

Ausgehen

In Kopenhagen genießt man vor allem am Wochenende Livemusik. Ausführliche (englischsprachige) Informationen über Konzerte, Festivals, Veranstaltungen und vieles mehr finden Sie unter *http://cph-tourist.dk/whats-on*.

Viele Hotspots des Nachtlebens – also angesagte Bars und Clubs – liegen im Viertel Nørrebro. Allerdings geht es meist erst ab 22 Uhr so richtig los.

Im Folgenden finden Sie eine Auswahl beliebter Locations. Bei den Clubs ist ein Eintrittspreis angegeben, der häufig höher liegt, wenn Konzerte stattfinden. Die Buchstaben finden Sie auf der Übersichtskarte vorn im 100 % Cityguide.

(S) Sehr beliebt bei den jungen Kopenhagenern ist der Club **Vega** in Vesterbro. Konzerte werden im großen Konzertsaal Store Vega oder im kleineren Saal Lille Vega gegeben, die Party geht in der Disco Lille Vega oder in der Ideal-Bar ab. Praktisch, denn alles befindet sich unter einem Dach. Vega ist eine Institution in Kopenhagen. Ideal, um mal richtig zu tanzen. Auf der Webseite steht das Konzertprogramm.
enghavevej 40, www.vega.dk, telefon: 33257011, geöffnet: disco fr-sa 23.00-5.00, bar mi 21.00-4.00, do-sa 21.00-5.00, eintritt: disco bis 1.00 frei, bus: 3a & 10 enghaveplads

(T) **Rust** – so heißt ein Nachtclub, in dem überwiegend Hip-Hop und Rock gespielt werden. Jeden Donnerstag, häufig auch freitags und samstags, stehen Livekonzerte von nationalen und internationalen Bands auf dem Programm. Nach den Konzerten sorgen DJs für tolle Partystimmung. Ein angesagter Treffpunkt mit einer etwas speziellen Musikauswahl abseits des Mainstreams.
guldbergsgade 8, www.rust.dk, telefon: 35245200, geöffnet: mi-sa 21.00-5.00, eintritt: 60 kr, do 30 kr, bus: 3a & 5a elmegade

Ⓤ Ob Salsa-Profi oder blutiger Anfänger – im **Club Mambo** werden die Hüften geschwungen. Donnerstags, freitags und samstags kommen Neulinge in den Genuss kostenloser Anfängerkurse. So übersteht jeder den Rest des Abends ohne Probleme. Hier treffen sich erfahrene Salsa-Tänzer genauso wie Anfänger, also keine Schwellenangst. Und wer eine Pause braucht, entspannt sich bei einem Cocktail in der Lounge.

vester voldgade 85, www.clubmambo.dk, telefon: 33119766, geöffnet: di 20.00-0.00, do 20.00-3.00, fr-sa 21.30-5.00, salsakurs do 20.00, fr-sa 22.00, eintritt: bis 23.00 40 kr, danach 80 kr, bus: 2a, 5a & 6a rådhuspladsen

Ⓨ THE BARKING DOG

Ⓥ Im **Copenhagen JazzHouse** finden Livekonzerte internationaler Jazz-musiker statt. Nach den Konzerten werden die Stühle beiseitegeschoben, und es wird bis frühmorgens getanzt. Das Publikum ist altersmäßig bunt gemischt. Gut zu wissen: Während des Copenhagen Jazz Festivals im Juli ist der Club *the place to be*.

niels hemmingsens gade 10, www.jazzhouse.dk, telefon: 33154700, geöffnet: konzerte so-do ab 20.00, fr-sa ab 21.00, nachtclub fr-sa 0.00-5.00, eintritt: je nach konzert, club 65 kr, u-bahn: kongens nytorv

(W) In **Kødbyen** gab es früher viele Schlachthäuser, aber von den meisten existieren heute nur noch die Gebäude. Wie in vielen anderen Städten erhielten diese auch in Kopenhagen eine neue Funktion und werden jetzt oftmals für kulturelle und gastronomische Zwecke genutzt. In den letzten Jahren ist die Zahl der trendigen Restaurants, Galerien und Nachtclubs sprunghaft angestiegen. Verbringen Sie zum Beispiel einen unvergesslichen Abend in Jolene, Karrierebar, the White Room oder KB18.

halmtorvet, s-tog: hovedbanegård/dybbelsbro

(X) **Moriska Paviljongen**, der maurische Pavillon, erinnert an ein Märchenschloss aus Tausendundeiner Nacht und ist ein beliebtes kulturelles Zentrum. Besucher können zahlreichen Konzerten beiwohnen, aber auch bis spät in die Nacht das Tanzbein schwingen. Das Gebäude wurde 1901 als Treffpunkt für diejenigen errichtet, die in den Salons der bürgerlichen Eliten jener Zeit nicht gern gesehen waren. Diese soziale Funktion hat das Zentrum auch heute noch, nicht zuletzt für Randgruppen und Minderheiten, für die und von denen hier Feste organisiert werden.

norra parkgatan 2, malmö, www.moriskapaviljongen.se, telefon: 6854030, geöffnet: club ab 22.00/23.00, eintritt: club bis 22.00 frei, danach 100 sek, bus: 5, 32, 34 & 35 folkets park, barkgatan

(Y) **The Barking Dog** ist ein moderner dänischer Cocktailpub im pulsierenden Nørrebro. Weder schick noch stilvoll wie viele andere Bars, aber sehr gemütlich und chillig, mit einer Atmosphäre, die an einen Londoner Pub erinnert. Die Lautstärke der Musik ist erträglich, man kann sich während des Cocktailschlürfens also auch wunderbar unterhalten.

sankt hans gade 19, www.thebarkingdog.dk, telefon: 35361600, geöffnet: mo-do 16.00-23.00, fr-sa 16.00-2.00, so 16.00-0.00, preis: cocktail 85 kr, bus: 3a skt. hans torv

(Z) Lust auf einen hawaiianischen Abend? Dann sollten Sie **Brass Monkey** besuchen. Das Personal trägt Blumenkränze um den Hals und die Einrichtung ist tropisch bunt. Spezialität der Bar: die große Rum-Auswahl, die auch die Basis für viele Cocktails ist. Wer Livemusik mag, kommt auf seine Kosten. Die Bar ist so beliebt, dass man am Wochenende für den Eintritt anstehen muss.

enghavevej 31, www.brassmonkey.dk, telefon: 33223433, geöffnet: do 20.00-1.00, fr-sa 20.00-3.00, bus: 3a tove ditlevsens plads, 6a enghavevej

Alphabetischer Index

Thematischer Index

Impressum

Dieser 100% Cityguide wurde mit größter Sorgfalt zusammengestellt. mo media GmbH ist nicht verantwortlich für eventuelle inhaltliche Fehler. Anmerkungen und/oder Kommentare können Sie an **mo media GmbH**, **Steinstraße 15, 10119 Berlin** oder **info@momedia.com** richten.

autoren
erika kauffmann (aktualisierung), marieke wijnmaalen, annemarie zijlema, carmen burger

fotografie
petra de hamer, duncan de fey
fotos halvandet: uffekfoto.dk
foto kayak republic: kayak republic

übersetzung
gerrit ten bloemendal (aktualisierung), katja hendrix (beide für bookwerk)

lektorat
caroline kazianka (aktualisierung) ulrike grafberger

schlussredaktion
annette steger, mo media

konzeptgestaltung
studio 100%

gestaltung & lithografie
mastercolors mediafactory

kartografie
van oort redactie en kartografie

100% Kopenhagen
isbn 978-3-943502-80-0

© mo media gmbh, berlin, aktualisierte neuausgabe september 2014

100% CITYGUIDES

GUIDE+
APP

100% TRAVELGUIDES

Ausführliche Informationen zum 100% Programm finden
Sie auch auf unserer Homepage unter **www.100travel.de**

Meine 100% Geheimtipps
(Notizen und Ideen)

Kedaic +45 61659 129

Folge uns auf ![Facebook] ![Twitter] ![Pinterest] und teile Deine eigenen 100% Tipps!

Mehr zu 100% unter: **www.100travel.de**